企业内部会计控制与全面预算
管理研究

赵振虹 李征阳 赖寒 ◎ 著

山西出版传媒集团 山西人民出版社

图书在版编目（CIP）数据

企业内部会计控制与全面预算管理研究/赵振虹，
李征阳,赖寒著.--太原:山西人民出版社,2023.5
ISBN 978-7-203-12829-8

Ⅰ.①企... Ⅱ.①赵... ②李... ③赖... Ⅲ.①企业管
理–内部审计–研究②企业管理–预算管理–研究 Ⅳ.
①F239.45②F275

中国国家版本馆CIP数据核字(2023)第066511号

企业内部会计控制与全面预算管理研究

著　　者：赵振虹　李征阳　赖　寒
责任编辑：贾　娟
复　　审：李　鑫
终　　审：梁晋华
装帧设计：博健文化

出 版 社：山西出版传媒集团·山西人民出版社
地　　址：太原市建设南路 21 号
邮　　编：030012
发行营销：0351-4922220　4955996　4956039　4922127（传真）
天猫官网：http：//sxrmcbs.tmall.com　电话：0351-4922159
E - mail：sxskcb@163.com　发行部
　　　　　sxskcb@126.com　总编室
网　　址：www.sxskcb.com

经 销 者：山西出版传媒集团·山西人民出版社
承 印 厂：廊坊市源鹏印务有限公司

开　　本：787mm×1092mm　　　1/16
印　　张：13
字　　数：270
版　　次：2024 年 6 月　第 1 版
印　　次：2024 年 6 月　第 1 次印刷
书　　号：ISBN 978-7-203-12829-8
定　　价：88.00 元

前　言

内部控制一直是企业管理的热门话题，国内外资本市场企业造假舞弊的丑闻屡屡发生，不仅严重打击了投资者的信心，损害了企业的信誉，也充分暴露了上市公司及大中型企业在内部控制方面存在的严重问题。内部控制是现代企业对经济活动进行科学管理而普遍采用的一种控制机制，是反舞弊的有力武器。内部控制贯穿于企业经营活动的各个方面，只要存在企业经营活动和经营管理，就需要有一定的内部控制与之相适应。现代企业的内部控制是"全过程的管理、全员的控制"，是"横到边、纵到底"的全方位控制。财政部、国资委等相关部委先后发文，要求企业开展"以风险管理为导向，以制度为基础，以流程为纽带，以系统为抓手"的内部控制体系建设，切实发挥内部控制对防范风险的重要作用，将我国内部控制理论发展及内部控制的实践提升到了一个新的高度。

对于企业而言，全面预算能够将企业经营总目标在企业内部各职能部门层层分解，使经营总目标成为各职能部门工作的具体目标。这就保证了各部门目标之间以及部门目标与总目标之间的衔接，并统筹分配给各个部门的每个员工，使得企业目标更为具体，部门目标更为明确，个人目标更具操作性，从而保障战略目标的实现。企业全面预算管理流程包括：预算的编制、预算的执行与控制、预算的分析与考评。

随着我国经济的发展进入新常态，经济增长开始放缓，产业结构调整与转型势头强劲，同时各种风险也在逐步集聚。这种新常态使经济社会的发展面临不少困难和挑战，企业必须高度重视、妥善应对。面对经济新常态所带来的市场竞争，企业必须提升内部的会计控制，强化预算管理，突出全面预算管理的柔性特征，在各种资源的配置上求新、求变以谋求生存和发展。

目录

第一章 内部控制的基本原理

第一节 内部控制的产生与作用

一、内部控制的概念

（一）内部控制主体

内部控制主体是指内部控制制度的设计与执行单位。从宏观上讲，国家统一的内部控制制度应由国家有关主管部门会同相关部门联合设计。在此前提下，各单位应当根据统一的内部控制制度，设置具体的内部控制制度并加以执行。尽管内部控制的概念最早是由审计部门提出的，但企业内部控制的真正主体应是企业高层及相关管理部门而不是审计部门，因为内部控制制度实质上是一种内部管理制度，是由管理部门主导实施的。审计人员设计内部控制制度仅仅是为了避免职业风险。

当然，内部控制涉及企业方方面面的内容，因此，内部控制制度的设计与实施还需要会计、内部审计、人力资源等相关部门与人员的广泛参与。

（二）内部控制客体

内部控制客体是指内部控制作用的对象。内部控制属于企业管理范畴，所控制的对象无疑在企业内部。现代企业管理的特点之一就是对各种经营管理活动进行全面控制，以保证经营管理活动正确、合理、合法。因此，内部控制作用的对象应该是企业内部的各种经营管理活动，主要包括人、财、物、信息等方面。内部控制不是针对某个事件或某种状况的单一活动，而是遍布经营管理过程的一连串行动，是企业经营管理过程的一个组成部分。内部控制与企业经营管理过程相互交织，为企业经营管理活动而存在。

（三）内部控制目标

内部控制目标是企业管理部门通过控制所要达到的目的，是内部控制潜在作用的表现。现代企业的内部控制目标涉及企业的各个方面，是公司控制权结构的具体体现。内部控制的目标是保证企业经营管理合法合规、资产安全、财务报告及相关信息真实完整，提高经营效率和效果，促进企业实现发展战略。

根据内部控制概念可知，企业实施内部控制主要是为了达到这样一些目标：一是保证企业经营管理合法合规。这是企业内部为适应外部法规的强制性而提出的目标，也是企业有效经营的基础，只有遵规守纪，企业创造的财富才是合法的。二是保证企业资产的安全完整。这是内部控制的主要目标之一。三是保证财务报告及相关信息的真实完整。这是内部控制最初的也是最重要的目标。当然，为了实现企业的经营目标，其他经营管理活动方面信息的准确性与可靠性也是内部控制所要考虑的。四是提高经营效率和效果。这是企业的高级经营目标，在企业目标体系中占有支配地位，只有实现资本保值增值、维护股东利益的企业才能更好地实现终极目标。五是促进企业实现发展战略。这是内部控制的最高目标，也是终极目标。企业战略是与企业目标相关联并且支持其实现的基础，是管理者为实现企业价值最大化的根本目标而针对环境做出的一种反应和选择。

二、内部控制的作用

内部控制关乎企业的存亡。企业经营失败、会计信息失真及不守法经营在很大程度上可以归结为企业内部控制的缺失或失效。内部控制的重要作用主要体现在以下两个方面：

（一）保证国家方针政策与法规制度的贯彻执行

贯彻国家的方针政策与法规制度是企业的一项法定义务，而健全有效的内部控制制度则是保证这一任务圆满完成的重要手段。通过内部控制所形成的相互协调与相互制约机制能够及时地反映、检查、揭示和纠正经营管理中的违法违规行为，从而有效地保证党和国家的方针政策与法规制度在企业内部较好地贯彻执行。

（二）保证企业经营目标的顺利实现

健全的内部控制制度能够对企业内部的各个职能部门和人员进行合理的分工、协调、监督、检查与考核。通过内部控制所规定的各种程序和手段，可以将企业内部各个职能部门和人员执行管理部门的方针政策、计划定额以及其他内部管理制度的情况反馈给企业管理部门，及时发现和纠正所出现的偏差，保证各项生产经营活动高效有序地进行，从而全面提高经济效益，实现各项预期目标。

第二节 内部控制的客体与分类

一、内部控制的客体

（一）概述

内部控制的客体也就是内部控制措施所作用的对象。企业只有较好地对受控的客体进行全过程的控制，才能实现内部控制目标。一般认为内部控制的客体主要是人、资产、信息及其在经营过程中所形成的一系列组合关系与形式。内部控制的对象非常广泛，涵盖企业经营涉及的所有人员、资产及经营过程中的相关环节。因而，一切可能与内部控制的目标发生背离的风险点都可以作为内部控制的对象。在企业管理中，内部控制的客体主要包括以下三个方面：

1. 企业员工及组织行为

人是企业价值的创造者，人员控制是其他控制的基础，人员的素质和能力等决定着其他控制的有效程度。人员控制通过挑选和聘用员工、培训、职位设计、权责分派、绩效考核等，以达到企业内部控制目标。组织行为是指组织的个体、群体或组织本身从组织的角度对内部和外部环境所做出的反应。组织行为控制就是统筹与协调各部门间、各部门成员间的工作并进行考核，从而实现企业目标的过程。组织行为控制是内部控制的核心，直接影响组织运行的效率和效果。对于组织行为的控制可采用制衡机制、监督机制等手段。

2. 企业资产

资产是指由企业过去经营交易或各项事项形成的、由企业拥有或控制的、预期会给企业带来经济利益的资源。在经营活动中，资产是企业获利的最重要的本钱，主要包括资金及流动资产、固定资产、有形资产、无形资产、不动产等。资产的安全直接影响企业的竞争力，通过控制中的恰当授权、明确岗位责任，可以有效地保证资产的安全和完整，提高资产的使用效果和效率。

3. 企业内外部信息

现代企业的发展离不开信息的沟通与交流，信息是企业生存发展及利益取得的重要条件。企业在经营管理中应当收集内外部信息，进行归纳、整理、分析，为企业决策层提供参考依据。信息既可以作为一种控制手段，也可以作为控制对象。当企业借助管理信息系统，通过信息的传递与反馈，实现对经营活动的控制时，信息是作为一种控制的方法和手段使用的；然而，信息系统本身也存在风险和薄弱环节，也需要对其进行控制，此时的信息系统就不再是内部控制的手段，而成为内部控制的对象。

（二）内部控制的要素

纵观内部控制的发展史可以看到，内部控制的发展过程实际上也是内部控制不断丰富和完善的过程。企业建立与实施有效的内部控制，应当包括内部环境、风险评估、控制活动、信息与沟通、内部监督五大要素。

1. 内部环境

内部环境是企业实施内部控制的基础，一般包括治理结构、机构设置及权责分配、内部审计、人力资源政策、企业文化等方面，具体包括以下内容：

第一，企业治理结构。如董事会、监事会、管理层的分工制衡及其在内部控制中的职责权限，审计委员会职能的发挥等。

第二，企业的内部机构设置及权责分配。尽管没有统一模式，但所采用的组织结构应当有利于提升管理效率，并保证信息畅通。

第三，企业内部审计机制。包括内部审计机构设置、人员配备、工作开展及其独立性的保证等。

第四，企业人力资源政策。如关键岗位员工的强制休假制度和定期岗位轮换制度，对掌握重要商业秘密的员工离岗限制性规定等。

第五，企业文化。包括企业整体的风险意识和风险管理理念，董事会、经理层的诚信和道德价值观，全体员工的法制观念等。一般而言，董事会及企业负责人在塑造良好的内部环境中发挥着关键作用。

第六，设立反舞弊防线，对企业开展经营活动、应对多变的经营环境和各种不确定因素具有重要意义。企业因其行业、规模、地域、市场、经营模式、发展阶段不同，面对的风险也不尽相同，因此，舞弊有可能在任何企业发生，给任何企业带来损失。除了"高层管理理念、内部过程控制、内部审计、外部审计"等监督机制，反舞弊防线的设立，为企业健康安全的运行筑起了一道强化震慑力的防线，更是我国社会经济发展进入新常态下的必要手段。

2. 风险评估

风险评估是企业及时识别、系统分析经营活动中与实现内部控制目标相关的风险，合理确定风险应对策略的重要方法。风险评估主要包括目标设定、风险识别、风险分析、风险应对四个环节。企业应当首先确定生产、销售、财务等业务的相关目标，然后建立风险管理机制，了解在经营管理中来自内部与外部的各种风险。在充分识别各种潜在风险因素后，企业应首先对固有风险（固有风险是指不采取任何防范措施时风险可能造成损失）进行分析评估；接下来，重点分析评估剩余风险（剩余风险是指采取应对措施之后风险仍可能造成损失）；企业管理层在分析评估相关风险的成本效益之后，要制定相应的策略，采取恰当的措施降低风险的发生，或者使风险处于企业可承受的范围内。

3. 控制活动

控制活动是指企业根据风险评估结果，采取相应的控制措施，将风险控制在可承受的范围内。在企业经营管理中，控制活动主要通过规范具体业务流程来控制经济业务事项的风险，将不相容职务分离控制、授权审批控制等通过业务流程嵌入生产经营活动中，使内部控制与企业经营管理相融合。企业常用的关键业务控制流程主要有全面预算管理控制、货币资金业务控制、采购业务控制、存货业务控制、销售业务控制、工程项目控制、固定资产控制、合同管理控制、信息系统管理控制等。

4. 信息与沟通

信息与沟通是指企业及时、准确地收集、传递与内部控制相关的信息，以确保信息在企业内部和外部之间进行有效地流通，是实施内部控制的重要条件。信息与沟通的主要环节有：确认、计量、记录有效的经济业务；在财务报告中恰当揭示财务状况、经营成果和现金流量；保证管理层与企业内部及外部的顺畅沟通，包括与股东、债权人、监管部门、注册会计师、供应商等的沟通。信息沟通的方式是灵活多样的，但无论采取哪种方式，都应当保证信息的真实性、及时性和有效性。

5. 内部监督

内部监督是指企业对内部控制的建设与实施情况进行监督检查，评价内部控制的有效性，对于发现的问题及缺陷，及时加以改进，是实施内部控制的重要保证。内部监督包括日常监督和专项监督。企业在内部控制中开展的内部监督，也是管理层和员工在经营管理中，共同对企业为实现目标、控制风险而设计的内部控制系统的有效性和恰当性的自我评估。监督情况应当形成书面报告，并在报告中揭示内部控制的问题及缺陷。企业同时应建立内部控制缺陷纠正机制，充分发挥内部监督的效力。

二、内部控制的分类

（一）概述

1. 按照控制要素分类

（1）控制环境

控制环境提供企业纪律与架构，塑造企业文化并影响企业员工的控制意识，是所有其他内部控制组成要素的基础。

（2）风险评估

风险评估指对经营活动中可能出现的风险进行识别、鉴定、评价及估计，以便采取相应的措施加以防范。

（3）控制活动

控制活动指为了向实现内部控制目标提供合理保证而制定的各项政策、程序和规定。控制活动出现在企业的各个层级与各种职能部门，其中包括核准、授权、验证、调节、复核营业绩效、保障资产安全以及职务分工等多种活动。控制活动通常针对关键控制点来开展，企业在制定控制措施时关键在于寻找关键控制点。

（4）信息与沟通

信息是保证控制活动达到预期效果的重要介质。信息与沟通要求企业应当按照某种形式以及在某个时间之内，识别、取得适当的信息，并加以沟通，使员工顺利履行其职责。其中，要特别重视会计信息系统的识别与沟通。

（5）监督

监督活动主要通过内部审计及企业自我评估行为来进行，以便及时发现并解决内部控制中出现的问题。

2. 按照控制内容分类

按照控制内容分类，内部控制可以分为人力资源、财务、会计、生产、营销及审计等控制。

（1）人力资源控制

人力资源控制是指通过对人员的录用、调动、考评为晋升、培训、解聘及辞退等措施，保证企业人力资源符合经营管理要求，为企业目标的实现和利益的维护提供保障。

（2）财务控制

财务控制是指对企业的财务资源及其利用状态进行控制。财务控制的内容主要包括资本结构控制、债权债务控制、财务风险控制、现金控制、存货控制、成本费用控制和利润控制等。财务控制的目的是保证企业经营的安全性、效率性和盈利性。财务控制的手段包括编制和执行财务预算等。

（3）会计控制

会计控制是指对企业财务会计信息系统生成过程的控制，其目的是保证企业财务会计信息的真实完整。会计控制的内容主要包括财务会计信息系统的责任人及其责任、会计人员从业资格、会计流程、会计内容、财务会计信息质量标准等。

（4）生产控制

生产控制是指对企业产品制造过程的控制，其目的是保证企业生产部门按时、按质、按量地生产出合格的产品，并保证生产的均衡性和配套性。生产控制的内容主要包括生产工艺和流程安排，人员、设备及物资调度等。

（5）营销控制

营销控制是指对企业销售环节员工行为与物流的控制，其目的是保证提供客户所需要的产品，扩大市场份额，获取营业利润。营销控制的内容主要包括客户资源控制、销售渠道控制等。

（6）审计控制

审计控制是指对企业的财政财务收支及其他经营管理活动进行控制，其目的是保证被审计单位财政财务收支及其他经营管理活动的合规性、合法性及效益性。审计控制的内容主要包括财政财务审计、财经法纪审计、经济效益审计。审计控制是对其他内部控制措施的再控制。

（二）内部控制的内容

企业内部控制的内容既丰富又广泛，大到其内部的组织结构，小到某一具体的业务事项。此外，各企业由于业务性质、经营规模等不同，内部控制的具体内容也不尽相同。这里仅就内部控制的一般内容进行探讨。

1. 企业应建立有效的组织规划

组织规划控制是指对企业内部的组织机构设置、职务分工的合理性和有效性进行控制。企业组织机构有两个层面：

一是法人治理结构，涉及董事会、监事会、经理的设置及相关关系；二是管理部门的设置及其关系。对内部控制而言，组织规划就是如何确定企业管理中集权和分权的组织模式。至于职务分工，主要解决不相容职务的分离问题，以使职务设置合理、有效。

2. 企业内应实施有效的授权批准

授权批准控制是指企业对内部部门或人员处理经济业务的权限进行控制。有效的内部控制要求经济业务事项的开展必须经过适当的授权。交易授权的目标就是确保业务处理的所有重大交易都真实有效，并与企业目标相符合。授权批准按照重要性，分为一般授权和特殊授权两种。

3. 企业应为相关岗位明确不相容职务分离

不相容职务是指集中于一人办理时发生差错或舞弊的可能性就会增加的两项或几项职务。不相容职务分离是指不相容的职务分别由不同的部门或人员来承担。不相容职务分离基于这样的设想：即两个或两个以上的部门或人员无意识地犯同样错误的可能性很小，而有意识地合伙舞弊的可能性低于一个部门或人员舞弊可能性。不相容职务必须分离是所有内部控制的基本原则。

4. 企业应制定有效的业务处理程序

业务处理程序是指在业务处理过程中必须遵循的流转环节和处理手续。业务处理程序控制是指单位内部在明确岗位责任的基础上，为保证各项经济业务活动能够按照一定的流转过程有效运行而制定的相应控制措施。内部控制标准是进行比较分析和评价内部控制实施情况必不可少的依据，也是衡量企业经营活动的指示器。它既是控制程序实施的基础，又是重要的控制技术。现代企业一般都将每一项业务活动划分为授权、主办、核准、执行、记录和复核等环节。这种标准化的业务处理程序可以使各级管理人员按照科学的程序办事，避免工作杂乱无序，从而提高工作效率。

第三节 内部控制的功能与原理

一、内部控制的功能

（一）概述

1. 内部控制的三大功能

控制功能通常指一种具有侦察、比较和改正的程序。内部控制之所以得到发展并逐渐完善，很大程度上源于人们对其功能认识的不断深化。内部控制具有防护、调节和反馈三大功能，分别在事前、事中和事后对企业内部活动进行控制，形成了一个完整的控制体系，对内部控制的事项进行全过程的控制。

（1）事前控制功能

事前控制，是一种面对未来的控制，指在经济活动开始之前进行控制，以求做到防患于未然。企业在经营管理中，事前控制是防范风险的基础工作，要求管理人员在活动开始前就必须对"做什么""为什么"以及"如何做"等问题进行整体筹划，应该先"思考"，后"行动"，用先进科学的理念指导行动，以保证目标实现。事前控制的有效运行是事半功倍、功效卓著的一种控制，已越来越多地融入现代企业内部控制中，是所有管理者追求的内部控制境界。

（2）事中控制功能

事中控制，是在经济活动过程中进行日常性的控制，对过程中发现的问题和缺陷及时纠偏。在实际管理中，仅仅依靠事前对经济活动、生产项目等运行的分析与推测是远远不够的，在具体的执行过程中会出现许多无法想象的问题，因而，还必须通过事中的查错纠弊来确保达到预期的运行效果。在控制实施过程中，大量的管理控制工作皆属于这种类型，因此，事中控制也是抓执行、抓落实、规避运营风险的强制性工作。

（3）事后控制功能

事后控制，是经济活动在告一段落时，通过比对控制标准与实际运行情况，检查考核其执行情况的过程。事后控制是一种立足于历史而对未来进行的情况连续不断的控制，通过运行计划、实施标准、会计资料、生产报表、现场检查等方法进行比对分析，回顾整个活动过程中存在的问题缺陷，找出症结所在，制定出切实可行的整改措施。通过事后控制，企业可以明确潜在的风险，及时跟进关注，对今后的活动提供借鉴警示。

在实际控制过程中，很少有孤立地使用某一种类型的控制方法的情况，事前控制、事中控制及事后控制三种控制类型多被有机地结合在一起使用，互为补充。

2.内部控制相适应机制

（1）建立和完善企业治理结构

企业治理结构是促使内部控制有效运行、保证内部控制功能发挥的前提和基础，是实行内部控制的制度环境；而内部控制在企业治理结构中扮演的是内部管理监督系统的角色，是有利于企业管理层实现经营管理目标、完成受托责任的一种手段。

（2）加强信息的传递与沟通

准确、及时并最大限度地获取和运用来自企业内部和外部的相关信息是实现内部控制功能的保证。管理层除了应建立一个开放和畅通的信息传递渠道以外，还必须具有倾听这些信息的强烈愿望，使员工和各个中间管理层相信，最高管理层愿意了解他们所反映的情况并愿意加以利用和改进。这样有利于管理层做出正确的决策，及时采取相应的预防或纠正措施。

（3）建立全面预算管理体系

内部控制的目标尽管越来越呈现出多元化的趋势，但概括起来不外乎可靠性和效益性两个层次。现代企业要想提高经济效益，实现管理目标，就要建立全面预算体系，科学编制和执行预算，控制有关经营活动，合理配置所拥有的经济资源，促使经营管理目标的实现。

（4）提高有关人员的素质

内部控制最终由人来执行。为此，要提高企业管理者和员工的素质，使他们不断扩充相关知识，加强知识积累，促进知识更新，不断提高业务水平，保证内部控制得到有效实施。

（二）内部控制的局限性

1. 成本效益制约

设置内部控制制度要受成本效益原则的限制。一个内部控制系统所寻求的目标需要根据制度耗费的成本来决定。一般来说，控制程序的成本不能超过风险或错误可能造成的损失和浪费，否则内部控制措施就不符合经济性，因而没有一种内部控制是完美无缺的。就一个大中型企业而言，由于企业的生产和管理环节分工较细，因而建立健全的内部控制制度是值得的；而在一个中小型企业，则很难保证建立与大中型企业同样健全的内部控制制度在经济上是合适的。

2. 串通舞弊

不相容职务的恰当分离可以为避免单独一人从事和隐瞒不合规行为提供一定的保证，但是两名或更多的人员合伙即可逃避这种控制，如出纳人员和会计人员合伙舞弊、财产保管人员和财产核对人员合伙造假等。对此，再好的控制措施也无能为力，也即内部控制可能因为有关人员相互勾结、内外串通而失效。

3. 人为错误

内部控制发挥作用的关键在于执行人员准确地操作，然而人们在执行控制职责时不可能始终正确无误。执行控制人员的生理和心理因素都会影响内部控制系统正常功能的发挥。如果内部控制执行者的情绪和健康状况不佳，执行人员粗心大意、精力分散、身体不适、理解错误、判断失误、曲解指令等，就会造成内部控制的失效，如对发票金额计算错误、发货时未索要提货单、签发支票时未审查支付用途等。

4. 管理越权

管理越权一般表现为挪用或者错误陈述。挪用主要是指对资产的违规转移和隐瞒。对于低层次的人员，可以通过文件凭证、限制接近和职责分离等措施来防止，然而高层管理人员一旦越权挪用，则任何内部控制程序都难以防止。错误陈述主要是指管理部门或主要管理者弄虚作假、故意错报财务状况和经营成果等。当企业出现政企不分、行政干预，导致公司董事会、监事会等法人治理结构形同虚设、丧失控制职能时，这类错误陈述也就无法防止。

5. 特殊事件

内部控制主要围绕企业正常的生产经营活动，针对经常性的业务和事件进行控制。但是在企业实际经营中，由于内外部环境多变，有时会面临一些意外和偶发事件，而这些业务或事件由于其特殊性和非常规性，没有现成的制度可循，有可能造成企业制度上的盲点。也就是说，内部控制的一个重要局限就是不控制特殊事件。因此，企业在处理特殊事件时，往往更多的是凭借积累的知识和经验。

目前，企业对特殊事件的处理，往往会采用启动应急预案、特事特办等方法来应对。

二、内部控制的原理与方法

（一）内部控制的原理

1. 有动控制理论

内部控制是在微观单位内部实行的控制，其控制的对象是单位内部的经济活动。任何单位以及单位内部的管理过程不仅与社会经济过程具有同构性，与生物系统、技术系统也同样具有同构性，同样是依靠因果关系连接在一起的因素集合，而各个元素之间同样存在耦合关系。根据控制论中同构性系统都适用自动控制的原理，在任何单位都可以建立自我检验、自我控制的机制，而且内部控制的理论和方法适用于不同性质的单位以及不同性质的过程。

2.调节与控制原理

内部控制的根本目的就是要控制单位实现既定的经营管理目标，而在实际执行当中由于各种因素的影响，总会出现偏差，要消除偏差，就必须进行调节。控制论原理中的调节方式有三种，分别是排除干扰调节、补偿干扰调节和平衡偏差调节。内部控制的总体调节方式是平衡偏差调节，即采取闭环控制。而在对待很多具体因素的控制上，又应该同时采用补偿干扰调节和排除干扰调节方式，即采用开环控制和预防控制。

3.经济控制方式

单位内部控制需要采用多种经济控制方式才能够达到控制目标。常用的控制方式有以下几种：

（1）分级控制

企业是一个结构错综复杂的系统，需要对其实施分级控制。分级控制又分为集中控制和分散控制两类。集中控制指在执行决策阶段，总问题的解决或最后决策由最上一级的子系统做出。分散控制指在执行决策阶段，总问题的解决分别由各个子系统分担，子系统具有较强的独立性，可以自由选择对总系统施加影响的大小。采取分级控制应当把握好集中控制和分散控制的尺度，因为过分集中控制容易造成体制僵滞，缺乏主动性，造成控制的失灵，效率锐减；反之，完全的分散控制由于中间层次过多，又会影响信息的传递，既会损失信息量，也会使信息失真，同样不利于企业管理。

（2）程序控制

内部控制中采取的程序控制可以分为两个阶段。

一是确定控制目标，编制决定被控制对象行为的程序；二是实施已经确定的程序，以达到控制目标。内部控制的实施建立在一定程序的基础上，能够使各项工作有条不紊地朝着实现企业管理目标的方向前进。程序控制又分为硬性控制与信息反馈控制两类。硬性控制程序建立在假设外部环境与受控系统的未来行为都具有完全确定性的基础上。这种控制缺乏应变能力，无法应对外部环境变化的干扰。信息反馈控制程序通常建立在外部影响具有随机性的假定上，外部影响在一定程度上可以认为是已知，控制程序根据影响的最大可能值来设计，具有一定的弹性。在执行程序时，控制系统吸收了关于受控系统实际行为的信息，以补充原先控制程序输入的信息。

（3）目标控制

目标控制又称跟踪控制或随动控制，是按照一个预知的信息变量来改变受控制量的一种控制方式。目标控制具有适应环境干扰和受控制对象特性发生变化的能力。实行目标控制时，从外部输入控制系统的不是预先设计的控制流程，而是控制目标与控制变量及参数的限制条件。目标控制方式是程序控制的推广，其反馈控制的过程与程序控制相同。

（二）内部控制的方法

1. 不相容职务分离控制

（1）经济业务处理的分工

经济业务处理的分工是指一项经济业务的全过程不应由一个人或一个部门单独办理，应分割为若干环节分属不同的岗位或人员办理。其具体业务又可以分为：授权进行某项经济业务和执行该项经济业务的职务相分离；执行某项经济业务和审查该项经济业务的职务相分离；执行某项经济业务和记录该项经济业务的职务相分离；记录某项经济业务与审核该项经济业务的职务相分离。

（2）资产记录与保管的分工

资产记录与保管分工的目的在于保护资产的安全完整。其具体要求是：保管某项物资和记录该项物资的职务相分离；保管某项物资与核对该项物资账目的职务相分离；记录总账与记录明细账的职务相分离；登记日记账与登记总账的职务相分离；贵重物品仓库的钥匙由两名人员分别持有等。

（3）各个职能部门具有相对独立性

各个职能部门具有相对独立性的要求具体表现为：各个职能部门之间是平级关系，而非上下级隶属关系；各个职能部门的工作有明确的分工等。

保证不相容职务分离作用的发挥，需要各个职务分离的人员各司其职。如果担任不相容职务的人员之间相互串通勾结，则不相容职务分离的作用就会消失殆尽。因此，对不相容职务分离的再控制也需要企业加以考虑。

2. 授权批准控制

授权批准控制是指对相关部门或人员处理经济业务权限的控制。有效的内部控制要求经济业务事项的开展必须经过适当的授权。交易授权的目标就是确保业务处理的所有重大交易都真实有效，并与企业目标相符合。授权审批控制是内部控制的一项重要控制措施。授权审批控制可分为常规授权和特殊授权。

（1）授权批准控制的种类

授权批准按照重要性，分为以下两种：

①常规授权

常规授权是指对办理一般经济业务的权力等级和批准条件的规定，通常在单位的规章制度中予以明确，企业应在日常经营管理活动中对既定的职责和程序进行授权。这种授权可以使员工在日常业务处理中按照规定的权限范围和有关职责，自行办理或执行各项业务，比如生产部门领用材料、仓库发出商品等。常规授权的时效较长，在授权期限内可重复使用。

②特殊授权

特殊授权是指对特定经济业务处理的权力等级和批准条件的规定。这种授权通常由管理部门对特定业务活动采取逐个审批的办法来进行。特殊授权的对象往往是一些例外的经济业务，一般难以预料，因而不能事先规定相应的处理措施。因此，发生这样的业务时应当经过有关部门的特殊批准才能进行。特殊授权的时效一般较短。

企业应当根据经济业务的性质和重要性来确定这两种授权。企业应当少进行或不进行特殊事项授权。

（2）授权批准控制的内容

授权批准控制的内容包括：一是授权批准的范围。授权批准的范围通常包括企业所有的经营活动。二是授权批准的层次。企业应当根据经济活动的重要性和金额大小确定不同的授权批准层次，从而保证各管理层有权有责。三是授权批准的责任。企业应当明确被授权者在履行权力时应对哪些方面负责，避免授权责任不清。四是授权批准的程序。即规定每一类经济业务的审批程序，以便按照程序办理审批，避免越级审批及违规审批现象的发生。

3.会计系统控制

（1）会计凭证控制

会计凭证控制是指在填制或取得会计凭证时实施的控制措施，包括原始凭证与记账凭证控制。会计凭证控制的内容主要包括以下两个方面：

①严格审查

对取得的原始凭证要进行严格的审查，对不符合要求的原始凭证应予以退回。

②设计科学的凭证格式

凭证格式应当符合规定要求，便于核算与控制；内容及项目齐全，能够完整地反映业务活动全貌。

（2）财会报告控制

财会报告控制是指在编报财会报告时实施的控制措施，其具体内容包括：一是按照规定的方法与时间编制及报送财会报告；二是编报的会计报表（报告）必须由单位负责人、总会计师以及会计主管人员审阅、签名并盖章；三是报送给各有关部门的会计报表（报告）要装订成册、加盖公章等。

（3）会计分析控制

会计分析控制是指会计部门利用财务会计信息及其他信息对计划与规则的执行情况采取的分析、对比和总结等措施，其目的是保证经济业务活动符合计划与规则的要求。会计分析控制的内容主要包括：会计分析的主要内容、会计分析的基本要求和组织程序、会计分析的方法和时间、召集形式、参加部门与人员、会计分析报告的编写要求等。会计分析控制制度可以使企业掌握计划与指标的完成情况以及对国家财经法律、法规的执行情况，便于改善财务会计工作。

4. 预算控制

预算控制是指企业对各项经济业务编制详细的预算或计划，并通过授权由有关部门对预算或计划执行情况进行的控制。在预算控制中，所编制的预算必须体现企业的经营管理目标。在执行中企业应当允许经过授权批准对预算加以调整，并应当及时或定期反馈预算执行情况。

预算控制应当抓住的环节：一是预算体系的建立，包括预算项目、标准和程序；二是预算的编制和审定；三是预算指标的下达及相关责任人员或部门的落实；四是预算执行的授权；五是预算执行过程的监控；六是预算差异的分析和调整；七是预算业绩的考核。

5. 资产保护控制

资产保护控制的目标是保证资产安全完整，并做到保值增值，以实现企业长远发展的战略目标。资产保护控制可以分为资产价值控制与资产实物控制两类。对资产的价值控制主要包括：按照资产保值增值要求实施资产保全控制，根据需要采用相应的折旧方法足额提取固定资产折旧，及时进行固定资产大修理等，保证企业再生产顺利进行。对资产的实物控制是指对实物形态包括债权类资产的安全与完整所采取的控制措施。

（1）接触控制

接触控制是指严格限制无关人员对资产的直接接近，只有经过授权批准的人员才能够接触资产。接触控制的内容包括以下三个方面：

①限制接近现金

对现金收入的管理应该仅仅局限于指定的出纳人员。同时，出纳人员要与控制现金余额的会计记录人员和登记应收账款的人员相分离。使用现金时，应该通过企业指定负责人员办理签署的办法进行控制。

②限制接近其他易变现的资产

比如，对应收票据和有价证券一般都规定必须由两名人员同时接近，以便对其加以保护。

③限制接近存货

在批发和制造企业中，对存货的实物保护可以由专职仓库保管人员负责，通过设计分离且封闭的仓库区域，以及在工作时间之内和工作时间之后控制进入厂区等办法来实现，在零售企业则可以通过在营业时间内或营业时间后限制接近仓库的方式来实现。另外，对于贵重商品，应当使用带锁的营业柜加以控制。

（2）定期盘点

定期盘点是指定期对实物资产进行盘查核对，其内容包括：①盘点实物并与会计记录核对一致，保证账实准确一致。②盘点结果与记录差异的调查，资产盘点结果与会计记录差异应当由独立于保管和记录职务的人员进行调查。③确定盘点和比较的频率，对现金要做到逐日清点并与现金总账和现金出纳机的纸带存根核对，而存货则以较低频率进行盘点即可达到要求。

（3）记录保护

记录保护是指对企业各种文件资料尤其是资产、会计等资料妥善保管，避免记录受损、被盗及被毁。对某些重要资料，比如财务会计报表应当留有备份，以便在遭受意外损失或毁坏时重新恢复。

（4）财产保险

财产保险是指通过对资产投保，增加实物受损后的补偿机会，保护实物安全。

（5）财产记录监控

财产记录监控是指建立资产档案，对资产的增减变动及时记录以及加强财产所有权证的管理等。

（6）信誉考评制度及定期对账制度

信誉考评制度是指对客户的财务状况、偿债能力、经济实力及企业信誉等方面进行综合评价，为企业未来经营业务的开展提供决策依据。定期对账制度是指定期核对与已成事实经济业务客户的往来款项，避免不实账务发生。

（7）应收账款催收制度

应收账款催收制度是指根据应收账款的账龄进行账龄分析，并根据合同制定一系列与工资奖金挂钩的催款措施，尽快缩短收回账款的时间，防止产生坏账。

6. 风险控制

风险控制是指对某一事件实际与预期结果差异程度的控制。风险控制的目标是在实现经营获利目标的前提下把企业风险降到最小。按照企业经营管理分类，企业经营管理中的风险可分为战略风险、财务风险、市场风险、运营风险、法律风险等，在运营管理中具体又可以分为以下几个方面：

（1）筹资风险控制

即对企业财务结构、筹资结构等做出妥当的安排。

（2）投资风险控制

即对各种债权及股权投资进行可行性研究并确定有关的审批权限，同时，对投资过程中可能出现的负面因素制定应对预案。

（3）信用风险控制

即对企业应收账款制定客户信用评估指标体系，确定信用评估授予标准，规定客户信用审批程序，进行信用实施中的实时跟踪。

（4）合同风险控制

即对企业建立合同起草、审批、签订、履行监督和违约时采取应对措施的控制流程。

第四节 内部控制的前提

一、严格人员控制制度

对经营管理人员进行控制是人员素质控制的一种。对企业内部控制体系来说，经营管理人员无疑是最为重要的因素。对经营管理人员的控制是内部控制中的重要组成部分，对其他控制起着基础性作用。真正的内部控制必须在经营管理人员的控制上下功夫。

人员控制的目的是为了保证员工的忠诚、正直、勤奋及形成有效的工作能力，从而保证其他控制措施的有效实施。人员控制的内容主要包括：

一是建立严格的招聘程序，保证应聘人员符合招聘要求；二是制定员工工作规范，用以引导、考核员工的行为；三是定期对员工进行培训，帮助员工提高业务素质，更好地完成规定的任务；四是加大考核和奖惩力度，定期对员工的业绩进行考核，做到奖惩分明；五是对重要岗位员工建立职业信用保险机制，如签订信用承诺书、由保荐人推荐或办理商业信用保险等；六是轮换工作岗位，通过轮换工作岗位，及时发现错弊情况，并加以纠正。

二、规范部门及岗位职责

内部控制目标的实现不仅要有完整的控制制度和规范的流程，还必须具有合理的控制部门和适当的岗位设置。规范部门和岗位设置应该实现以下四个目标：

（一）有利于各项业务的履行

控制和效率是矛盾的，不恰当的控制会损害效率，甚至影响企业经济活动的正常开展，违背内部控制的初衷。

（二）有利于日常监督的实施

内部控制促使所设立的部门及其责任人重视各自职责范围内内部控制体系的建立、控制措施的实施，使每个员工忠诚地执行各项制度，履行相应职责，保障了企业对相关业务的日常监督和相应经济利益的实现。

（三）分清职责

内部控制有利于分清每个组织或岗位的责任，明确各自应负的责任。

（四）为全面实施业务考核提供保证

考核业务或职责的分配、作业程序的执行及控制效果，为进一步完善内部控制提供依据。

三、明确授权、监督及责任考核制度

企业必须为各项业务的内部控制建立相应的授权、监督和责任考核制度。授权制度应当分层次制定，同时明确相关业务环节批准授权的规定。比如，采购与付款业务中请购授权，包括提出请购与请购审批的权限，这些权限应当按照一定的标准进行划分，并区分一般授权和特殊授权，明确各自的层次、范围和责任。请购审批、采购审批、验收审批、会计记录与付款审批按照一定的程序进行。

对各项业务的监督，特别是对被授予权力的部门或个人进行监督是各项业务内部控制的有效保证，一方面可以促进内部控制制度的有效实施，另一方面也可以对企业现行内部控制的恰当性和有效性进行分析与评价，为以后修订和改进提供依据。

责任考核制度是授权正确行使的保证。企业必须为每个岗位、每项授权订立明确的责任制度和相应的考核制度，责任制度和考核制度要明确各项责任的量化条款和考核标准，包括成本费用控制责任和考核标准、质量标准、经济效益和效率标准、合法性和合规性标准等，这样才有利于内部控制制度的有效实施。

第二章 内部控制的目标、原则与方法、设计

第一节 内部控制的目标

一、内部控制目标的确定

所谓内部控制的目标，是指内部控制所要达到的预期效果和所要完成的控制任务。从理论上讲，内部控制的目标主要取决于内部控制本身所具有的功能和人们在设计与执行内部控制时所要达到的主观需求。其中，内部控制的功能是决定内部控制目标的客观因素，同时也界定了内部控制目标的横向边界和范围。而人们对于内部控制的主观需求，则是决定内部控制目标的主观因素，说明了人们期望内部控制能够做些什么事情、满足哪些要求等。这两个因素共同决定了内部控制的目标。一般来说，内部控制的目标必须落在由功能因素所划定的上限和由需求因素所划定的下限共同组成的区间内。因为如果确定的目标超出内部控制功能的上限，那么内部控制肯定完成不了这些目标，也就注定这些控制是失败的；反之，如果目标低于人们所期望的下限，即不能满足人们所期望的管理需要，那么内部控制就不可能被采用和实施，这时候内部控制就不会存在，谈论其目标也就失去了现实意义。

应该说，上述所讲的"上限"与"下限"为内部控制目标的确定提供了一个比较广泛的空间范围。在这个区域内，可以为内部控制定义多种任务和多个目标。对于这些目标，我们大体上可以将其分为基本目标（总目标）和具体目标两个层次。

二、内部控制的目标

（一）内部控制的基本目标

内部控制的总体目标或基本目标，是企业所追求的最终目标。这一目标可以概括为实现企业的可持续发展和取得企业最大化的利益。综观企业所有

的生产经营与管理活动，其实都是要保证企业一是生存，二是发展，三是盈利。其中，生存是最基本的要求，如果企业不能生存，其他所有的追求都无从谈起；而发展不只是生存的简单延续，而是要有量的扩张和质的提高，要从一个小企业变成大企业，从一个生产和经营能力弱的企业变成一个生产和经营能力强的企业；盈利则是企业最根本的目的，因为从投资者的立场讲，如果企业不能带给他们利润，那么企业的生存和发展都毫无意义，也没有必要。所以，从这种意义上说，不能给投资人带来利益的企业一定无法继续生存。

（二）内部控制的具体目标

内部控制的具体目标是内部控制总体目标的细化和具体化。内部控制的具体目标可以分为以下几点：

1. 保证财务报告的真实可靠，防止错误和舞弊的发生

由于在经济业务过程中采取了程序控制、手续控制和凭证编号、复核、核对等措施，内部控制可以使经济业务和会计处理相互联系、相互制约，从而做到内部相互监督，防止错误和舞弊的发生。即便发生了错误，也易于自动检验和自动纠正。实际上，人们建立内部牵制制度的初衷就是为了防范错误和舞弊。通过内部牵制，各部门和人员之间相互审查、核对和制衡，避免一个人控制一项交易的所有环节，既可以防止员工的舞弊行为，也能减少虚假财务报告的发生。为了达到财务报告可靠性的目标，内部控制在运行过程中必须达到如下要求：

保证所有交易和事项都能够在恰当的会计期间及时地记录于适当的账户；

保证会计报表的编制符合会计准则和有关会计制度的要求；

保证账面资产与实存资产定期核对相符；

保证所有会计信息都经过必要的复核手续，并确认有关记录正确无误。

保证财务报告的真实可靠，是管理者的首要责任，也是内部控制的第一目标。目前，尽管内部控制的目标已经不再仅仅局限于防止财务报告舞弊，而是由防弊为主发展到了以兴利为主，但是，防止舞弊仍是内部控制的必要任务之一。许多国家仍然是出于会计信息的可靠性考虑，要求企业必须建立、健全内部控制制度。

2. 保证企业资产的安全、完整

企业的资产包括有形资产和无形资产，这些资产会因为盗窃、滥用和意外损坏而遭受损失。在内部控制实施的过程中，不相容业务的分工使授权人

与执行人，执行人与记账人，保管、出纳与会计人员，总账和明细账等得以分开，从而形成了一种内部相互牵制的关系；加上限制接近财产及内部定期盘点、核对制度等管理规定，在企业财产的收、付、存、用等环节就建立起了一个严密的控制系统和完整的监控链条，可以有效地制止浪费，防止各种贪污舞弊行为，确保企业财产物资的安全与完整。从一般意义上讲，健全的内部控制可以堵塞漏洞、消除隐患，防止企业资产因浪费、盗窃、无效率使用、不当经营决策等原因而遭受损失，保护企业资产的安全与完整。

内部控制在运行过程中，要想很好地实现其保证财产物资安全与完整的目标，必须达到如下要求：

资产的记录与保管一定要彻底分开；

任何资产的流动都必须进行详细的记录，不仅进入企业和流出企业要记录，而且企业内部各个部门之间的资产流动也要有详细的记录；

需要建立完善的资产管理制度，包括岗位责任制度、惩罚制度以及激励制度等；

需要对资产进行定期和不定期的盘点，并确保资产的账面记录与实际存有数量一致。

3.改善企业经营管理，提高企业的经营效率和效果

这是内部控制的营运性目标。现代企业是一个由多个部门、多个管理层次和多个经营环节所组成的经济组织。在这样的经济组织内部，相互之间的沟通和协调非常重要。通常情况下，合理的内部控制能够通过以下三种方式提高企业内部的经营效率和管理效果：

第一，内部控制要求组织精简，权责划分明确，使每个人的责任清晰，不能推卸，从而使各个部门和环节密切配合，协调一致，充分发挥资源潜力，充分有效地使用资源，提高经营绩效。

第二，内部控制要求有良好的信息沟通体系，可以使会计信息和其他方面的经济管理信息快速地在企业内部各个管理层次和业务执行系统之间流动，从而提高经济决策和反应效率。

第三，内部控制有着与岗位职责相一致的业绩考评制度，可以对经济效益的优劣进行准确地考核，并对优秀者加以奖励，对落后者加以惩罚，从而形成有效的激励机制。

第二节　内部控制的原则

一、我国财政部对于内部控制原则的论述

（一）全面性原则

内部控制应覆盖公司的各项业务（作业）、各个部门和各级人员，并渗透到决策、执行、监督、反馈等各个经营环节。即实行全过程、全方位和全人员的控制，不能有控制的空白点或死角。

（二）重要性原则

重要性原则是相对于全面性原则而言的，是全面性基础上的重要性。按照这一原则，内部控制应当在全面控制的基础上，重点关注那些风险比较高、比重比较大、影响比较广的业务领域。换言之，全面性原则并不是平均主义的原则，并不意味着资源的投放要均匀地分布，而是要有重点地进行控制。

（三）制衡原则

内部控制应当保证单位内部机构、岗位及其职责权限的合理设置和分工，坚持不相容职务相分离，确保不同机构和岗位之间权责分明、相互制约、相互监督。应避免一个人对某一项业务可以单独处理，或有绝对控制权，而是要求相关业务必须经过其他人或部门的审查、核对，以最大限度地减少错误和舞弊现象的发生。

二、内部控制的基本原则

目前，尽管对于内部控制的基本原则，大家的认识和概括并不一致，但是公认的某些原则是内部控制在实施过程中必须遵守的。除了上述三项原则外，以下原则也是企业内部控制中应该遵守的。

（一）合法性原则

合法性原则是指企业在内部控制的设计和实施中应该遵守国家的政策法规，不能违背。从法律层次上讲，国家的政策法规相对于企业的内部控制而言属于上位法，企业是不能违反的。按照这一原则，企业的内部控制只能在国家法规允许的范围内进行，而不能超越法规的限制。比如，企业不能为了防止员工携带车间的物品回家而对员工进行任意搜身。

（二）有效性原则

该原则是指内部控制必须讲求效率和效果，所有的控制制度必须得到贯彻执行。内部控制应当约束企业内部的所有人员，任何个人都不得拥有超越内部控制的权力。在企业内部，个人无论权力有多大，位次有多高，都不能凌驾于控制制度而行事，也不能对既定的控制制度"打折"执行。

（三）分工与合作原则

在内部控制运行过程中，首先要针对企业的经营需要设置岗位，对每个岗位明确职责权限，进行严格的分工。这种分工可以促进管理的专业化，提高工作效率，但也可能造成各个部门之间的隔阂和相互推诿。因此分工是相对的，必须强调在分工的基础上各个部门之间的相互配合，尤其是要注意各个工作环节中的衔接点和结合部位。

第三节　内部控制的方法

一、内部控制的基本程序

（一）设定控制标准

在内部控制中，首先要设置控制标准。这个控制标准就是行动的指南和技术要求。每个岗位、每个人员都要按照既定的行为标准开展生产和管理活动。在设定标准时，需要注意的一个关键问题是，要非常细致、具体，而且所有的岗位都要有各自的行为标准，不能有任何空白点。在企业管理中，这些标准有时是以行为规范的形式出现的，有时是以岗位职责的形式出现的，不管采用怎样的形式，一定要明确告诉有关人员他们应该做什么，不能做什么，需要按照什么样的程序做，出现例外情况时应该如何处理等。

（二）执行控制标准

标准一旦设定，就应该要求所有岗位、所有人员都必须无条件地执行，不能有任何随意性的改动。在实际执行中，可能会出现有关规定和标准与实际情况脱节，或者按照规定的程序无法开展业务的情况。这种情况下有关人员一定要按照事先约定的处理程序进行，不能擅作主张。对一个内部控制制度严密的企业来说，企业管理中的所有情况都应该在制度中有相应的规定和要求，不应该存在制度的空白点。另外，在对制度的执行中，一定要留有痕迹，事后要能够通过查看这些痕迹，知道业务和管理活动的开展过程和结果，确定谁在执行生产或管理任务，执行过程如何，执行结果如何等，以便为以后的责任追究和考评提供可靠的依据。要做到这一点，就需要企业按照业务种类和业务流程设计一系列的单据，并要求经办人员在有关单据上签字。

在内部控制执行过程中，可能会出现实际情况与控制标准不一致或者控制制度中未加规范的地方，这些统一称为"例外事项"。对于这些例外事项，处理上需要把握两个基本原则：第一，尽量减少例外事项，换言之，控制制度要尽可能严密，具有预见性。如果一个企业在管理中出现很多例外事项，那么只能说明这个企业的控制制度很不完善，有太多的空白点。第二，例外事项的处理要遵循一定的程序，不能完全由经办人员自由决定和处理。一个可行的办法是将例外事项的处理权交给高一级的管理者，这样可以避免出现大的失控。

（三）差异分析与报告

在制度的执行过程中，肯定会出现一些实际结果与制度所设定的标准不一致的情况。可以说，即使是非常完善的内部控制制度，也很难做到与实际情况完全一致。从这个意义上讲，制度总是不完备的。这是因为企业所面临的经济环境和现实情况在不断发生变化。当发现差异出现时，企业应及时进行分析，确定差异出现的原因：一种原因是制度本身是完备的，实际执行人没有按照制度的要求执行；另一种原因是现实情况已经发生变化，制度要求已经过时。对于第一种情况，要追究有关人员的责任；对于第二种情况，要及时修正制度。

（四）反馈与纠正

管理控制需要及时进行总结和分析，尤其对于一些失控的环节和领域要进行深入分析，找出原因和改进的方法，以便把控制工作做得更加细致，使控制效果更加显著。对一个企业来说，通常情况下，要想一开始就把控制制度建立得非常完善，往往比较困难，因为很多控制中的细节、因素只有在实际执行中才能被发现，事先很难设想得细致和周全。因此，企业在管理中要不断总结和完善控制制度，使控制制度日臻健全，控制效果逐步提高。现实中一些企业之所以长盛不衰，就在于其具有比较强的环境适应能力，能够根据环境的变化适时地调整管理和控制策略，使管理和控制效果不会因为环境的改变而下降。

二、内部控制的基本方式

（一）组织规划控制

组织规划控制，包括组织机构设置和组织分工两方面内容。其中，组织机构设置控制是指对企业组织机构进行合理的设置。这里的"合理"有两层含义：一是组织机构要满足企业经营管理的需要，不能过于精简，以至于无法开展工作；二是组织机构不能冗余，以至于机构重叠，人浮于事，影响工作效率。企业的组织机构就管理层次来说有两个层面：一是法人的治理结构问题，即董事会、经理层、监事会的设置问题。这个层面的组织机构通常要按照国家的《公司法》或者有关的治理规范来设置，企业自身可以说没有太大的自主性。企业所能自主掌握的只是机构的人员组成和人数多少的问题。比如，对于股份有限公司来说，公司一定要设立董事会，这是国家规定的，不能违背，但是董事会人员的多少，企业可以在一定范围内自己确定。二是职能管理部门的设置。职能管理部门的设立，完全是企业根据自己的业务范围、规模大小和管理水平自主设立的。比如，对一个机械制造型企业来说，一般会设有厂部办公室、计划部、营销部、财务部、生产部等职能部门。

组织分工是指部门内部的岗位设立和岗位之间的职责分工。这是保证经济业务按照企业既定方针执行、提高经营效率、保护资产和增强会计数据可靠性的重要条件。企业在设立岗位和核定岗位人员的多少时，要根据业务量、业务复杂程度和工作效率的要求进行。原则上一人一岗，不要存在岗位重叠，各个岗位的职责权限要非常清楚，以避免相互推诿现象的发生。同时，岗位的设立还应当遵循不相容职务相分离的原则，让那些不相容职务分别由几个人担任，以利于互相监督。

（二）授权批准控制

授权批准控制是指企业在处理经济业务时，必须经过授权批准才能够实施。在一个公司制企业中，通常的授权程序是股东大会授权给董事会，然后由董事会将大部分权力授予企业的总经理，总经理把一些权力授给有关的部门经理，部门经理再把权力授予具体的岗位负责人和经办人员。一般情况下，企业每个层次的管理人员既是上级管理人员的授权对象，又是下级管理人员的授权主体。

授权批准控制，要求企业必须明确规定涉及会计及相关工作的授权批准的范围、权限、程序、责任等内容，企业内部各级管理层必须在授权范围内行使职权和承担责任，经办人员也必须在授权范围内办理有关业务，而不能擅自超越权限和职责范围。

（三）全面预算控制

在企业管理中，通常意义上的预算实际上是以金额、数量及其他价值形式综合反映企业未来（通常为一年）业务的详细计划。从这个意义上讲，预算控制是企业年度经济业务开展之前根据预期的结果对全年经济业务的授权批准控制。一般情况下，预算控制具有以下几方面重要作用：

确定企业的整体目标，制订为达到这一目标所应有的各类业务计划和为配合业务计划而应有的财务收支计划；

在业务执行和收支执行过程中，根据具体情况适时酌情调整预算，以确保预算具有可执行性；

定期将实际情况与预算标准进行比对，对差异进行分析，以确保预定控制目标的实现；

根据预算执行结果对有关岗位和人员的工作业绩进行考评，并以此为基础确定奖励和惩罚的程度。

（四）文件记录控制

文件记录控制是企业内部控制的重要方面。健全而又正确的文件记录既是其他控制（如组织规划控制、授权批准控制）有效性的保证，又是企业保持高效率经营和获取高质量管理信息的重要手段。按文件记录的性质，一般可分为管理文件和会计记录。

（五）实物保护控制

内部控制的各种方式都具有保护资产安全的作用，这里所说的实物保护是指对实物资产的直接保护，其主要内容有限制接近现金、定期盘点、记录保护、财产保险、财产记录监控等措施。

第四节　内部控制的设计

内部控制设计的核心在于内部控制制度的设计上。但是，控制制度的设计是一个系统工程，涉及企业生产经营管理的各个方面，不仅包括董事会等高层管理者，而且会影响到所有的工作岗位和员工，因此，设计内部控制制度时要坚持系统思想和整体最优的原则。内部控制制度的设计，通常包括组织结构规划设计、员工素质控制制度、实物保护控制制度等。这里主要介绍内部会计控制制度的设计思路和方法，因为这是内部控制设计的重点和难点。

在设计内部控制制度时，需要遵守的一个基本原则是：既要考虑到共性的一般要求，又要体现出企业的特殊要求。

一、会计组织结构的设计

企业必须设立独立的会计部门以办理会计核算和财务管理的有关事宜。如果企业因为规模小等原因，不能建立会计机构的话，则应该委托有关代理机构代为进行会计核算工作。大中型企业需要实行总会计师制，由总会计师全面负责本单位的会计核算和财务管理工作。

需要说明的是，就会计部门内部的岗位设立情况而言，各企业之间相差很大，每个企业需要根据自己的业务内容和管理人员的数量等设立相应的工作岗位。但是，一个需要遵循的基本原则是：岗位设立要在满足管理需要的前提下尽量简化。

二、内部控制循环设计的基本思路

内部控制循环的设计，需要根据业务内容进行，以便把控制措施融入企业的具体业务过程中。在具体设计时，通常按照一定的标准把企业的所有主要经营过程分为若干个业务循环，根据各个业务循环的内容确定相应的控制措施和控制方法。

（一）构造业务循环模型

业务循环是业务周而复始的过程。不同类型的企业，其业务循环的构造是不一样的。比如，工业企业的业务循环过程和商业企业的业务循环过程完全不同，同样，商业企业和金融服务企业的业务循环过程也不相同。因此，在构造企业业务循环模型时，要充分考虑企业的行业特征和业务规律。除此以外，同一行业的企业中，大型企业和小型企业的业务循环过程也是不同的，因为大型企业中通常业务职能部门设置得比较多，管理比较严密，而小型企业由于部门设置得少，业务处理过程可能相对简化些。所以，在构造业务循环模型时，要根据行业性质、管理程序把那些具有共同数据性质、在共同控制之下、类型相同的事务归为一类。目前，国内外企业的业务循环设计基本上都是注册会计师基于审计目的划分的，这为企业设计内部控制制度提供了重要的参考依据。

（二）分析常见的业务弊端

在业务循环构造的基础上，需要有目的地分析该业务在运行中可能出现的错误和弊端，以便有针对性地制定控制措施。这个过程实质上就是对风险和可能出现的错误进行评估和设想的过程。具体分析时，可以采用两种方式。

一是根据会计实务常见的弊端进行总结和归纳，列出该业务曾发生过的主要错弊和教训；二是采用"合理怀疑"的方式，推测可能出现的弊端和错误，即假设不予控制，该业务在执行过程中可能造成哪些损失，出现哪些错误。

（三）提出内部控制的要点

针对常见弊端设置相关的内部控制要点，是防错纠偏的关键所在。内部控制要点的设置一般应当考虑以下几个方面：

1. 关键控制点

所谓关键控制点，是指在一个业务处理过程中起着关键作用的那些控制环节，如果没有这些控制环节或者这些控制环节失效，业务处理过程很可能出现错误和弊端，达不到既定的目标。设置关键控制点要针对错弊的发现和纠正。如，为了保证账户记录的正确性，明细账和总账之间的平行登记与核对是关键控制点；为了保证账户记录的真实性，账实之间的核对是关键控制点；为了保证银行存款金额的正确性，核对银行对账单和存款余额就是关键控制点。

2. 补偿性控制

所谓补偿性控制，是指能替代前道控制作用的控制内容与方法。通常，设置补偿性控制的目的是为了弥补前道控制一旦失控时可能留下的控制空当或空白点。内部控制应该根据每一类业务处理的重要性，设置数目不等的补偿性控制点，以保证内部控制运行的可靠性。例如，会计岗位、出纳岗位和保管岗位相互分离，是保证现金、存货安全的重要控制点，但是，为了进一步防范舞弊，还必须设置相应的补偿性控制措施，比如对出纳岗位和保管岗位进行换岗、不定期的盘点等。这样一来，上述各种措施形成合力，可以增强有关财产物资的安全程度。

3. 成本效益分析

如果不考虑控制成本，可以说控制环节设置得越多，控制效果就会越好，出现差错的可能性就会越低。然而，现实中，由于成本要素的限制，内部控制对防范业务活动的错弊只能起到"合理保证"作用。合理保证就是指控制成本不能超过因实施控制而获得的利益,这就是成本效益原则。因此,无论采取哪种控制方式,都应考虑控制收益大于控制成本的基本要求。如果有些业务需要增加控制点才能达到较高的控制效果或控制收益时,企业就应考虑如何使控制收益减去控制成本的净收益最大化;反之,如果控制收益难以确定,企业就应考虑在满足既定控制的前提下如何使控制成本最小化。

（四）设计内部控制文件

内部控制文件是指导、落实内部控制实施的具体文件。这些文件大多以控制制度、流程图等形式加以体现,可采用单独格式编制,也可以采用混合格式编制。

1. 单独格式

单独格式的文本也称独立式文本,就是将企业内部的控制要点按业务领域单独列示,便于企业管理者和其他人员了解及评价内部控制制度。

2. 混合式文本

混合式文本是将内部控制融合在业务管理制度中,使业务管理制度既有业务程序又有控制程序,便于业务人员熟悉和掌握。

3. 流程图

流程图是依据特定的符号,按照企业业务经办顺序,标示各部门在办理业务的过程中需要接受和传递的凭证、需要做的工作,以及各个部门之间的相互衔接关系等。这种方式的最大优点是比较直观,但不够具体和细致,同时,有些管理责任很难通过流程图的形式标示出来。因此,很多企业在使用流程图的同时,附以必要的文字说明,这也是一种比较有效的方法。

第三章 控制活动

第一节 不相容职务分离控制

一、不相容职务分离的内容

企业在内部机构设置时应体现不相容职务相分离的原则，特别是在涉及重大或高风险的业务处理程序时，必须考虑建立各层级、各部门、各岗位之间的分离和牵制。对于因机构人员较少且业务简单而无法分离处理的某些不相容职务，企业应当制定切实可行的替代性控制措施。企业应当遵循不相容职务相分离的原则，综合考虑企业性质、发展战略、文化理念和管理要求等因素，形成各司其职、各负其责、相互制约、相互协调的工作机制，并确定具体岗位的名称、职责和工作要求等，明确各个岗位的权限和相互关系。

不相容职务分离控制是指经济业务的可行性研究与执行要分离，决策审批与执行要分离，执行与记录、监督要分离，物资财产的保管与使用、记录要分离。根据大部分企业的经营管理特点和业务性质，需要分离的不相容职务主要有以下六种：①可行性研究与决策审批相分离；②业务执行与决策审批相分离；③业务执行与审核监督相分离；④会计记录与业务执行相分离；⑤业务执行与财产保管相分离；⑥财产保管与会计记录相分离。

事实上，企业实际存在的不相容职务远不止这些。由于每家企业所处的行业、规模、经营性质与特点各不相同，企业应当根据各项具体业务流程和特点，完整、系统地分析和梳理执行相关业务活动所涉及的不相容职务，并结合岗位职责分工采取具体的分离措施。

另外，在实践中区分与实施不相容职务分离时，需注意以下两点：①不相容职务分离针对的对象是岗位，而不是部门。一般情况下，企业管理的组织架构先明确部门的定位和功能，然后再设定部门内岗位的职责和操作要求。

不相容职务分离针对的是岗位职责，是对具体事项操作动作的相互制约，而不是针对部门权责。即使一个操作流程的所有属性动作都在一个部门内完成，但只要这个部门内不相容职责交由不同的岗位人员，那么也就实现了内部控制中的制约原则。如在有些企业的采购流程中，采购申请、询比价、供应商选择和确定、采购合同拟定和签署、采购价格的商谈和确定等都是在采购部门完成的，那么只要采购中的执行、审批、记录、监督由部门内不同的人来执行，就可以认为不相容职务是分离的。②建立岗位轮换和强制休假制度。因为员工长期在某个岗位工作，制度对其的威慑力就会逐渐削弱，容易引发员工的舞弊行为，并且由于长时间在一个岗位工作的员工容易积累很多资源并形成个人垄断资源，会对企业利益产生潜在的威胁，因此，为了更好地发挥不相容职务分离控制的作用，企业应当结合岗位特点和重要程度，明确关键岗位员工轮岗的期限和有关要求，建立规范的岗位轮换制度。通过岗位轮换，可以防范并及时发现岗位职责履行过程中可能存在的重要风险，强化职责分工的有效性。对于关键岗位的员工，企业可以实行强制休假制度。在休假期间，这些关键岗位员工的工作由其他人员暂时接替，其工作会受到他人的监督，其舞弊被发现的概率会大大增加，由此员工实施并掩盖舞弊的机会将大大减少，舞弊的动机也会大大减弱。

第二节 授权审批控制

一、授权控制

（一）授权的种类

1.常规授权

常规授权是指企业在日常经营管理活动中按照既定的职责和程序进行的授权，用以规范经济业务的权力、条件和有关责任者，其时效性一般较长。这种授权可以在企业正式颁布的岗（职）位说明书中予以明确，或通过制定专门的权限指引予以明确，如销售部门确定销售价格的权力、财务部门批准费用报销的权力。常规授权的范围不宜太大，也不宜过小。如果常规授权的范围过大，会使企业领导失去对重要业务的控制，从而承担较大的经营风险。因此，常规授权过大会削弱内部控制的效果。反之，如果常规授权范围过小，凡事都需要请示、批准，使常规授权名存实亡，也会削弱管理人员的工作积极性和责任心，从而对企业的经营管理产生不利影响。

2. 特别授权

特别授权一般是由董事会给经理层或经理层给内部机构及其员工授予处理某一突发事件（如法律纠纷）、做出某项重大决策、代替上级处理日常工作的临时性权力。

3. 临时授权

临时授权是特别授权的一种，但是在管理实践中通常单列，主要针对的是企业管理者个体的授权，一般也是通过授权委托书进行明确。比如总经理出差期间将某些事项的决策权交给下属的某个副总，财务总监将一部分权限临时交给财务经理等。与常规授权一样，临时授权需要考虑不相容职务的分离，否则在授权阶段就存在较大的风险。

（二）授权控制的基本原则

1. 授权的依据——依事而不是依人

企业应该本着有利于实现战略目标、有利于资源配置的原则来设置职务并进行授权，而不是仅凭被授权者的能力。如果因人授权，虽然充分考虑了被授权人的知识与才能，但却不能确保职权被授予了最合适的人，不利于企业目标的实现。

2. 授权的界限——不可越权授权

授权者对下级的授权，必须在自己的权限范围内，不能超越自己拥有的权限进行授权。

3. 授权的"度"——适度授权

授权过程中对于"度"的把握是授权控制成败的关键，既不能贪恋权力，不愿下放，也不能过度授权。权力下放不到位会直接影响下级部门的工作效率和积极性；而过度授权则等于放弃权力，甚至会出现滥用职权的现象。正确的做法是将下级在行使职责时所必需的权力下放，并且做到权力和责任相匹配。对于重大事项的权限，不可轻易下放。

4. 授权的保障——监督

在授权给相关人员后还应该对其进行适当的监督。如果放任不管，可能发生越权或滥用职权的行为；如果常加干涉，则授权形同虚设，不利于调动下属的主动性和积极性。对授权进行监督的重点主要是防止下级越权操作和"先斩后奏"的行为。

（三）授权的形式

授权一般有两种形式，即口头授权和书面授权。

1. 口头授权

口头授权，是上级领导用口头语言对下属交代工作，或者是上下级之间根据会议所进行的工作分配。这种授权形式一般适用于临时性与责任较轻的任务。

2. 书面授权

书面授权，是上级领导用文字形式对下属工作的职责范围、目标任务、组织情况、等级规范、负责办法与处理规程等进行明确规定的授权形式。这种授权形式适合比较正式与长期的任务。

三、审批控制

（一）审批控制的原则

1. 审批要有界限——不得越权审批

越权审批就是超越被授权权限进行审批，通常表现为下级行使了上级的权力。如资金的调度权按规定属于总会计师，但总经理直接通知出纳将资金借给其他企业，这就属于越权审批。

2. 审批要有原则——不得随意审批

在审批中，应贯彻集体决策的原则，实行集体决策审批或者联签制度。在综合正反两方面意见的基础上进行决策，而不应由少数人决策。

（二）审批的形式

同授权的形式一样，审批也应该尽量采用书面形式。采用书面形式既可以方便上级进行批示，又可以避免口说无凭、责任不清，此外，还便于监督检查人员对该活动的监控。

第三节 会计系统控制

一、会计系统控制的方法

（一）会计凭证控制

会计凭证控制，是指在填制或取得会计凭证时实施的控制措施，包括原始凭证与记账凭证的控制。会计凭证控制的内容主要包括：①严格审查。对取得的原始凭证要进行严格的审查，对不符合要求的原始凭证予以退回。②

设计科学的凭证格式。凭证格式应当符合规定要求，便于核算与控制；内容及项目齐全，能够完整地反映业务活动的全貌。③连续编号。对记载经济业务的凭证按照顺序统一编号，确保每项经济业务入账正确、合理、合法。④规定合理的凭证传递程序。各个部门应当按照规定的程序在规定期限内传递流转凭证，确保经济业务得到及时的反映和正确的核算。⑤明确凭证装订与保管手续。凭证传递完毕，各个部门的有关人员应当按照顺序妥善保管，定期整理归档，按照规定存放保管，以备日后查验。

（二）会计账簿控制

会计账簿控制，是指在设置、启用及登记会计账簿时实施的控制措施。其具体内容包括：①按照规定设置会计账簿。②启用会计账簿时要填写"启用表"。③会计凭证必须经过审核无误后才能够登记入账。④对会计账簿中的账页连续编号。⑤会计账簿应当按照规定的方法和程序登记并进行错误更正。⑥按照规定的方法与时间结账。

（三）财务报告控制

财务报告控制，是指在编报财务报告时实施的控制措施。其具体内容包括：①按照规定的方法与时间编制及报送财务报告。②编制的财务报表必须由单位负责人、总会计师以及会计主管人员审阅、签名并盖章。③对报送给各有关部门的会计报表要装订成册、加盖公章。

（四）会计复核控制

会计复核控制，是指对各项经济业务记录采用复查核对的方法进行的控制，其目的是避免发生差错和舞弊，保证财务会计信息的准确与可靠，及时发现并改正会计记录中的错误，做到证、账、表记录相符。会计复核控制的内容主要包括：①凭证之间的复核。②凭证与账簿之间、账簿与报表之间以及账簿之间的复核。会计复核工作应由具有一定会计专业知识、熟悉业务、责任心强、坚持原则的人员担任。复核人员必须对会计凭证、会计账簿、财务报表和所附单据认真审查、逐笔复核，复核过的凭证及账表应加盖名章。未经复核人员复核的，出纳人员不得对外付款，会计人员不得对外签发单据或上报报表。

二、会计系统控制的内容

（一）会计准则和会计制度的选择

企业管理层应当根据企业的具体情况选择适用的会计准则和相关会计制

度。例如根据规模和行业性质，分别采用《企业会计准则》《企业会计制度》《小企业会计准则》等。

（二）会计政策选择

企业的会计政策，是指企业在会计确认、计量和报告中采用的原则、基础和会计处理方法。企业管理层应当以真实、公允地反映企业状况为标准来选择适当的会计政策，变更会计政策时要说明合理变更的原因。

（三）会计估计

会计估计，是指企业对结果不确定的交易和事项以最近可利用的信息为基础所做出的判断。企业管理层需要依据企业的真实情况，做出合理的会计估计。

（四）文件和凭证控制

企业应当对经济业务文件进行记录并且对相关的凭证进行连续编号，这不仅可以避免业务记录的重复或遗漏，而且便于业务查询，也可以在一定程度上防范舞弊行为的发生。例如，企业对产品出入库单预先编号，这样可以有效控制产品的流动，不会出现产品的无故短缺。

（五）会计档案保管控制

会计档案是指会计凭证、会计账簿和财务报表等会计核算方面的专业资料，是记录和反映企业经济业务的重要历史资料和证据。企业应当详细记录且妥善保管。

第四节 财产保护控制

一、财产保护控制的措施

（一）财产档案的建立和保管

企业应当建立财产档案，全面、及时地反映企业财产的增减变动，以实现对企业资产的动态记录和管理。企业应妥善保管涉及财产物资的各种文件资料，避免记录受损、被盗、被毁，由计算机处理、记录的文件材料需要有所备份，以防数据丢失。

（二）限制接触

一般情况下，对货币资金、有价证券、存货等变现能力强的资产必须限制无关人员的直接接触。现金的保管人员与记账人员要相分离，平时将现金放在保险箱并由出纳人员保管钥匙；支票、汇票、发票、有价证券等易变现的非现金资产一般采用确保两个人同时接近的方式加以控制，或在银行租用保险柜存放这些特殊资产；对于实物财产如存货、固定资产等的控制，可以让保管人员看管，或安装监控系统。

（三）盘点清查

盘点清查，是指定期或不定期地对存货、固定资产等进行实物盘点和对库存现金、银行存款、债权债务进行清查核对，发现资产管理上出现错误、浪费、损失或其他不正常现象，应当及时分析原因，查明责任，提出处理意见，出具清查报告，并将其结果及处理办法向企业的董事会或相关机构报告，以便完善管理制度。一般来说，盘点清查的范围主要包括存货、库存现金、票据、有价证券以及固定资产等。

（四）财产保险

财产保险控制，是指运用财产投保（如火灾险、盗窃险、责任险等），增加实物资产受损后的补偿程度或机会，从而将资产受损时给企业带来的影响降到最低程度。财产保险控制目前已经成为企业防范和规避资产风险的重要手段。企业可以根据实际情况，对其重要、易损或特殊的财产投保，向保险公司交付保险费，保险公司按保险合同的约定对所承保的财产及其有关利益因自然灾害或意外事故造成的损失承担赔偿责任，使企业可以在意外情况发生时通过保险获得补偿，减轻损失。

第五节 预算控制

一、全面预算和预算控制

（一）全面预算

全面预算，是指企业对一定期间的经营活动、投资活动、财务活动等做出的预算安排。全面预算作为一种全方位、全过程、全员参与编制与实施的预算管理模式，凭借其计划、协调、控制、激励、评价等综合管理功能，整合和优化配置企业资源，提升企业运行效率，成为促进企业实现发展战略的重要途径。

全面预算是由经营预算（也称业务预算）、资本预算与财务预算等一系列预算组成的相互衔接的综合预算体系。其中，经营预算是明确所有的日常经营活动如销售、采购、生产等需要多少资源以及如何获得和使用这些资源的计划；资本预算是企业对将要进行的长期工程和将要引进的固定资产等的投资和筹资计划，如研究与开发预算、固定资产投资预算、银行借款预算等，包括投资预算和筹资预算两类；财务预算是一系列专门反映企业未来一定预算期内的财务状况和经营成果，以及现金收支等价值指标的各种预算的总称，具体包括预计资产负债表、预计利润表和现金收支预算等内容。

（二）预算控制

通过预算控制，企业可以规范组织目标和经济行为过程，调整与修正管理行为与目标偏差，保证各级目标、策略、政策和规划的实现。因此，预算控制作为管理控制系统的一种模式，是确保战略目标最终实现的一种有效机制。

二、全面预算的作用

有效的全面预算具有以下四个主要作用：

（一）企业实施内部控制、防范风险的重要手段与措施

预算本身并不是最终目标，企业的最终目标是采取管理与控制手段实现对企业风险的有效控制并达成企业目标，因此，全面预算的本质是企业内部管理控制的一种工具。全面预算的制定和实施过程，就是企业不断用量化的工具，使自身所处的经营环境与拥有的资源和企业的发展目标保持动态平衡的过程，也是企业在此过程中对所面临的各种风险识别、预测、评估与控制的过程。

（二）企业实现发展战略和年度经营目标的有效方法和工具

"三分战略、七分执行"，企业战略制定得再好，如果得不到有效实施，终不能实现企业的最终目标，甚至可能因为实际运营背离战略目标而导致经营失败。通过实施全面预算，将根据发展战略制定的年度经营目标进行细化、分解、落实，可以使企业的长期战略规划和年度具体行动方案紧密结合，从而实现"化战略为行动"。

（三）有利于企业优化资源配置、提高经济效益

全面预算是为数不多的能够将企业的资金流、实物流、业务流、信息流、人力流等相整合的管理控制方法之一。全面预算以经营目标为起点，以提高投入产出比为目的，其编制和执行过程就是将企业有限的资源加以整合，协调分配到能够提高企业经营效率、效果的业务、活动、环节中，从而实现企业资源的优化配置，增强企业资源的价值创造能力，提高企业的经济效益。

（四）有利于实现制约和激励

全面预算可以将企业各层级之间、各部门之间、各责任单位之间等企业内部的权、责、利关系予以规范化、明细化、具体化，从而实现出资者对经营者的有效制约，以及经营者对企业经营活动、企业员工的有效计划、控制和管理。通过全面预算的编制，企业可以规范内部各个利益主体对企业具体的约定投入、约定效果及相应的约定利益；通过全面预算的执行及监控，可以真实反馈内部各个利益主体的实际投入及其对企业的影响并加以制约；通过对全面预算执行结果的考核，可以检查契约的履行情况并实施相应的奖惩，从而调动和激励员工的积极性，最终实现企业目标。

三、全面预算的实施主体

（一）决策机构——预算管理委员会

预算管理委员会是预算管理的领导机构和决策机构，应作为预算控制的最高级别控制主体承担监控职责。预算管理委员会的成员由企业负责人及内部相关部门负责人组成，总会计师或分管会计工作的负责人应当协助企业负责人负责企业全面预算管理工作的组织领导。预算管理委员会主要负责拟订预算目标和预算政策，制定预算管理的具体措施和办法，组织编制、平衡预算草案，下达经批准的预算，协调解决预算编制和执行中的问题，考核预算执行情况，督促完成预算目标。

（二）工作机构——预算管理工作机构

预算管理工作机构履行预算管理委员会的日常管理职责，对企业预算执行情况进行日常监督和控制，收集预算执行信息，并形成分析报告。预算管理工作机构一般设在财会部门，其主任一般由总会计师（或财务总监、分管财会工作的副总经理）兼任，工作人员除了财务部门的人员外，还应有计划、人力资源、生产、销售、研发等部门的人员。

（三）执行单位——各责任中心

各责任中心既是预算的执行者，又是预算执行的监控者。各责任中心在各自的职权范围内以预算指标作为生产经营行为的标准，同预算指标比较，进行自我分析，并上报上级管理人员，以便采取相应的措施。企业内部预算责任单位的划分应当遵循分级分层、权责利相结合、责任可控、目标一致的原则，并与企业的组织机构设置相适应。

第六节 运营分析控制

一、运营分析控制的流程

运营分析控制的流程一般包括以下四个阶段：

（一）数据收集

企业各职能部门应根据本部门运营分析的目的收集相关数据，一方面在履行本部门职责的过程中应注意相关数据的收集与积累，另一方面可以通过外部各种渠道（如网络媒体、行业协会、中介机构、监管部门等）广泛收集各种数据。

（二）数据处理

数据是"血液"，是资产，但也可能是垃圾，也就是说，不是所有的数据都能够产生有用的信息。企业各职能部门只有对数据进行有效的清理与筛选，即消除噪声和不合格的数据，数据才能变成有用的信息。

（三）数据分析

企业各职能部门围绕本部门运营分析的目的采用各种分析方法（包括对比分析法、比率分析法、趋势分析法、因素分析法、综合分析法等）对处理后的数据进行分析，充分挖掘数据背后所隐藏的信息，并对未来的经营做出预测。

（四）结果运用

在数据分析结果的基础上形成总结性结论，并提出相应的建议，从而对企业发展趋势、策略规划、前景预测等提供重要的分析指导，为企业的效益分析、业务拓展等提供有力的保障。

二、运营分析控制的方法

（一）比较分析法

比较分析法是运营分析最基本的方法，有纵向比较法（也称水平分析法）和横向比较法。纵向比较公司的历史数据，可以知道公司某一方面的变动情况；横向与同行业其他公司比较，可以衡量公司在同行业中的竞争力和地位。

（二）比率分析法

比率分析法是利用两个或若干相关数据之间的某种关联关系，运用相对数形式来考察、计量和评价，借以评价企业运营状况的一种分析方法。

（三）趋势分析法

趋势分析法是根据企业连续若干个会计期间（至少3期）的分析资料，运用指数或动态比率的计算，比较与研究不同会计期间相关项目的变动情况和发展趋势的一种财务分析方法，也叫动态分析法。

（四）因素分析法

因素分析法是通过分析影响重要指标的各项因素，计算其对指标的影响程度，来说明指标前后发生变动或产生差异的主要原因的一种分析方法。因素分析法按分析特点可以分为连环替代法和差额计算法两种。

（五）综合分析法

综合分析法是指将反映企业运营各个方面的指标纳入一个有机的整体之中，以系统、全面、综合地对企业运营状况进行分析与评价。目前在实践中应用比较广泛的综合分析体系包括杜邦财务分析体系、可持续增长率分析体系、EVA价值树分析体系等。

第四章 企业风险评估

第一节 企业风险简述

一、风险的含义

风险是指未来的不确定性对企业实现其经营目标的影响。企业围绕总体经营目标，通过在企业管理的各个环节和经营过程中执行风险管理的基本流程，培育良好的风险管理文化，建立健全风险管理体系，包括风险管理策略、风险理财措施、风险管理的组织职能体系、风险管理信息系统和内部控制系统，从而为实现风险管理的总体目标提供合理的过程和方法。这个管理的过程和采取的方法就是全面风险管理。

风险评估是在风险识别和预测分析的基础上，采用定性或定量方法，对风险发生的可能性和影响程度进行预计和估算，最终确定风险等级的过程。

风险发生的可能性和影响程度一般可分为五个档次，即极低、低、中等、高和极高。风险等级一般分为三个档次，即重大风险、重要风险和一般风险。

具体理解风险含义时应注意以下几个特征：

（一）不确定性

风险的本质及核心是具有不确定性。风险是否发生、发生的程度如何，发生风险的具体时间、地点、对象，以及造成的后果等，是人们难以事先准确预测的。

（二）潜在性

风险是以潜在危机的形式存在，而不是已经存在的客观结果或既定事实。客观事实潜在的损失越大，其隐含的风险就越大。

（三）可测量性

风险是可以测定的不确定性。不论是当前还是未来的风险，都存在一定的统计规律，风险会在一定范围、一定时期以一定的形式出现，而且风险出现的概率总是在 0 ～ 1 之间波动。损失的概率越接近于 1，风险发生的可能性就越大；反之，损失的概率越接近于 0，风险发生的可能性就越小。

二、企业风险管理内容

（一）风险分类

企业风险可以按照多种标准进行分类。

1. 按照发生的原因分类

按照发生的原因，风险可分为内在风险和外在风险。内在风险发生的原因涉及企业生产经营、财务活动等诸多环节，如生产管理不佳、产品质量低下、营销管理乏力、财务结构不良、资金供应不足等内部原因。外在风险发生的原因又分为人为原因和自然原因，前者包括政府政策变化、战争爆发、股市突变、企业产品被人假冒、竞争对手采取不正当竞争手段等人为因素；后者包括台风、地震等自然因素。

2. 按照企业经营管理分类

按照企业经营管理，风险可分为战略风险、财务风险、市场风险、运营风险、法律风险等。这种划分在企业风险管理中具有重要意义。

3. 按照性质分类

按照性质，风险可分为纯粹风险和投机风险。

纯粹风险是指那些只有损失机会而无获利可能的风险。纯粹风险一旦发生，对当事人而言必有损失形成。例如，如果火灾、沉船等事故发生，则只有受害者的财产损失和人身伤亡，而无任何利益可言。

4. 按风险承受度分类

风险承受度是指企业承担风险的能力和限度，也就是经过综合衡量确定的对风险的承载力，包括整体风险承受能力和业务层面的可接受风险水平。按风险承受度可分为可承受风险与不可承受风险。

可承受风险是指在衡量企业综合实力的基础上，企业自身能够承担且处于最大损失限度之内的风险。

不可承受风险是指在衡量企业综合实力的基础上，超过了企业最大损失限度的风险。

企业的风险一般都会表现在财务报表和财务运行上。企业在经营过程中要随时考虑财务风险，因此，对风险的评估与防范就成为现代企业内部控制的重要内容。

（二）企业经营中的主要风险

1.战略风险

战略风险是指由于战略制定和实施的流程无效、低效或不充分，而影响企业战略目标实现的风险。简单来说，战略风险是整体的、致命的、巨大的、方向性的、根本性的风险。在战略上出现风险可能导致企业整体的失败或生命周期的结束。

（1）运营风险

运营风险是指企业在运营过程中，由于外部环境的复杂性和变动性以及主体对环境的认知能力和适应能力的有限性，而导致运营失败或使运营活动达不到预期目标的可能性及其损失。运营风险并不是指某种具体特定的风险，而是包含一系列具体的风险。

（2）竞争风险

竞争风险是指在市场运行中，在与竞争者争夺市场占有率、提高销售额和盈利率等方面，由不确定性因素而造成预期利益目标未能实现，导致经济利益受损的可能性。市场竞争越激烈，竞争双方所面临的风险就越大。

（3）资产损伤风险

资产损伤风险是指因战略决策失误，使对实施战略有重要影响的财务价值、知识产权或资产的自然条件退化，企业现有资源创造未来现金流的可能性降低，从而导致资产现值遭受重大损失的可能性。资产损伤风险主要有财务损伤、知识产权损伤、其他意外损伤等。

（4）商誉风险

商誉风险，特别是商誉风险中的品牌风险，是指因品牌管控不当，无法发挥企业品牌优势，导致客户对品牌认知度和忠诚度降低，甚至导致市场份额流失。

上述主要风险在产生实质性较大规模的影响时，都会变成一种战略风险。当企业出现严重的产品或流程失误时，运营风险就会转变为战略风险；当对实施战略有重要影响的财务价值、知识产权或者是资产的自然条件发生退化，资产损伤风险就会变成一种战略风险；当产品或服务与众不同的能力受到损伤，竞争环境变化，竞争风险也会变成战略风险。因此，各种风险往往是交织在一起并相互转化的。

2. 财务风险

（1）流动性风险

流动性风险是指在企业债务到期时，由于没有资金来源或必须以较高的成本筹资而导致的风险。

流动性风险包括资产流动性风险和负债流动性风险。资产流动性风险是指资产到期不能如期足额收回，进而无法满足到期负债的偿还和新的合理贷款及其他融资需要，从而给企业带来损失的风险。负债流动性风险是指企业过去筹集的资金特别是存款资金，由于内外部因素的变化而发生不规则波动，对其产生冲击并引发相关损失的风险。企业筹资能力的变化可能影响原有的筹融资安排，迫使企业被动地进行资产负债调整，造成流动性风险损失。这种情况可能迫使企业提前进入清算，使得账面上的潜在损失转化为实际损失，甚至导致企业破产。流动性风险与信用风险、市场风险和操作风险相比，形成的原因更加复杂和广泛，通常被视为一种综合性风险，一旦存在管控缺陷，将导致风险扩散的严重后果。流动性风险的主要表现形式包括资本结构不合理、现金流规划不当、贷款结构不合理、股利发放决策不当等。

（2）筹资管控风险

筹资管控风险是指由于筹资业务管控不当导致的风险。筹资管控风险受到借入资金与自有资金在企业资金中所占比例的影响，借入资金比例越大，风险程度也就越高。企业筹集资金的主要目的是扩大生产经营规模，提高经济效益，投资项目若不能达到预期效益，则会影响企业的获利水平和偿债能力。

筹资管控风险的主要表现形式包括筹资策略不当、缺乏完整的筹资策略规划、对资金现状缺乏认识等。缺乏对公司资金现状的全面认识，筹资授权审批不当，筹资差错或舞弊，筹资调整不当或使用不合理等都属于筹资管控风险。

（3）资金管理风险

资金管理风险是指由于资金业务管控不当而导致资金损失或降低资金使用效果的风险。"现金为王"一直以来都是企业资金管理的核心理念，企业现金流量管理水平往往是决定企业存亡的关键。

资金管理风险的主要表现形式有以下两种：

一是筹资决策不当，可能引发资本结构不合理或无效融资，导致企业筹资成本过高或出现债务危机。

二是出现投资决策失误，可能引发盲目扩张或丧失发展机遇，导致资金链断裂或资金使用效益低下。

三是资金调度不合理、营运不畅，可能导致企业陷入财务困境或出现资金冗余。

四是资金活动管控不严，可能导致资金被挪用、侵占。

资金管理业务差错或舞弊的内容主要有以下两种：

一是相关人员在资金管理业务（现金、银行存款、票据、网上银行业务等）中出现重大差错、贪污、舞弊等行为，影响企业资金的安全完整。

二是发生未经适当授权的资金业务。资金业务发生未经适当授权的交易，会影响企业资金的安全完整。

（4）利率、汇率风险

利率和汇率的波动会影响企业经营目标的实现。利率受宏观政策的影响，其变动会影响企业经营，而汇率波动如美元升值、汇兑差异等，会导致企业汇兑损失。

（5）财务相关的外部风险

财务相关的外部风险是指财务在纳税等监管部门及外部财务活动中处理不当的风险，如税务风险、担保风险、金融衍生品风险等。

（6）财务报告风险

财务报告风险是指在财务报告的编制过程中因人员资质、能力、技术、流程问题或操作不当，以及采用不恰当的会计政策、会计估计等，而导致财务报告及附注等财务披露信息不适当或不符合监管要求的风险。财务报告风险的主要表现形式为：会计政策运用不当、职责分工不明确、财务报告方案编制不当、重大会计事项处理不当、资产负债信息不准确。

3. 市场风险

（1）竞争风险

竞争风险是指由于无法对主要竞争对手的行动进行快速、有效地应对而导致的风险。竞争风险包括未能恰当应对竞争对手，未能对竞争对手的销售行为进行监控，没有及时采取应对策略，如产品定价及价格调整不当，产品开发升级滞后，市场开发和营销策略不当，渠道控制力减弱，售后服务不当，合作伙伴选择不当等。竞争风险会使企业在市场竞争中败于对手，从而导致企业市场份额下降或重要客户流失。

（2）价格风险

价格风险是指由于价格波动导致的风险。汇率走势变化、地缘政治变化、金融衍生品价格波动、金融市场趋势估计错误等都属于价格风险，其会影响企业实现经营目标。

（3）信用风险

信用风险是指主要客户、主要供应商不恪守商业信用，给企业造成损失的风险。信用风险主要包括以下两种类型：

一是企业主要客户不恪守商业信用，如未按约定时间、方式支付款项、接收产品、服务等，导致企业资产损失。

二是对业务伙伴的授信不合理，如对业务伙伴的授信限额、期限与其业务性质及盈利水平不匹配，或对业务伙伴的授信额度过度集中或分散，或对业务伙伴的授信额度没有及时根据其状况的变化进行调整等，导致对外授信业务不稳定、主要业务伙伴流失或企业资产损失。

（4）市场需求风险

市场需求风险是指由于销售市场价格或供需关系的波动而导致的风险。宏观经济环境的波动引起购买力下降或产品和服务的使用成本提高，会导致产品或服务的市场需求下降，影响企业实现销售目标。产业格局调整、产品变化等，会导致相关产品或服务的市场需求波动，影响企业实现经营目标。

（5）市场供应风险

一是由于原材料、能源、配件物资等材料或服务的供应短缺或市场价格波动，导致采购成本波动。产业格局调整及产能变化会影响市场供应，从而导致相关产品市场供应波动。

二是市场竞争及税费调整等影响市场供应。市场竞争加剧、相关税费调整等，会影响某些产品的市场供应，进而影响企业实现经营目标。

第二节　企业风险识别

一、企业风险识别的基本内容

（一）风险识别的基本内容是感知和识别风险

感知风险是通过调查了解，识别风险的存在；识别风险是通过分析风险产生的原因、条件，并鉴别风险的性质，为采取风险处理措施提供依据。另外，风险识别不仅要识别所面临的较明显的风险，更重要也最困难的是识别各种潜在的风险。

（二）风险识别的动态性

由于风险具有可变性，因此风险识别工作应该连续、系统地进行，成为一项持续性、制度化的工作。

（三）风险识别是风险管理过程中最基本和最重要的程序

风险识别工作是否扎实，直接影响到整个风险管理工作的最终效果。

二、企业风险识别的基础

企业通常要从以下几个方面识别自身存在的风险：

（一）环境风险

环境风险是指由于外部环境的变化影响企业预定的生产经营计划，从而导致的经济风险。引起环境风险的因素主要包括以下五种：

国家宏观经济政策的变化使企业受到意外的风险损失。

企业的生产经营活动与外部环境的要求相违背而受到的制裁风险。这里所指的生产经营活动包括企业活动性质、生产经营方式、生产经营过程等，其中生产经营方式决定了风险识别的渠道和方法。

社会文化、道德风俗习惯的改变，使企业的生产经营活动受阻，从而导致企业经营困难。

暴雨、火灾等不可避免地会对企业带来不同程度的损失，而自然灾害也是最基本的风险来源。

其他导致环境风险的因素。

（二）市场风险

市场风险是指市场结构发生变化，使企业无法按既定策略完成经营目标而带来的经济风险。导致市场风险的因素主要有以下四种：

企业对市场需求预测失误，不能准确地把握消费者偏好的变化；

竞争格局出现新的变化，如新竞争者进入引发的企业风险等；

市场供求关系发生变化；

其他导致市场风险的因素。

（三）技术风险

技术风险是指企业在技术创新的过程中，由于遇到技术、商业或者市场等因素的意外变化而导致的创新失败的风险。导致技术风险的因素主要有以下四种：

技术工艺发生根本性的改进；

出现了新的替代技术或产品；

技术无法有效地商业化；

其他导致技术风险的因素。

（四）生产风险

生产风险是指企业无法按预定成本完成生产计划而产生的风险。导致生产风险的因素主要有以下三种：

生产过程发生意外中断；

生产计划失误，造成生产过程紊乱；

其他导致生产风险的因素。

（五）财务风险

财务风险是指由于企业收支状况发生意外变动，给企业财务造成困难而引发的风险。导致财务风险的因素主要有以下五种：

筹融资风险；

资金链断裂；

财务报告虚假；

企业的资金、财务管理混乱；

其他导致财务风险的因素。

（六）人事风险

人事风险是指涉及企业人事管理方面的风险。导致人事风险的因素主要有以下四种：

企业高、中层及普通员工不遵守职业操守；

部分员工不认同企业文化；

没有良好的企业激励机制；

其他导致人事风险的因素。

三、企业风险识别的途径与方法

（一）风险识别途径

风险识别途径通常有两种：

一是借助企业外部力量，利用外界信息、资料来识别风险；二是依靠企业自身力量，利用内部信息及数据识别风险。

企业为了有效地识别所面临的潜在风险，需要充分利用外界的风险信息资料。风险信息资料可以从各种网络、情报资料中获得，但企业获得的风险信息资料通常由保险公司及相关的咨询机构和学术团体提供。

（二）风险识别方法

风险识别的目的并不是罗列每个可能存在的风险，而是识别那些可能对经营产生影响的风险。因此，在具体识别风险时，需要综合利用一些专门的技术和工具，以保证高效率地识别风险且不发生遗漏。风险识别方法包括现场调查分析法、风险清单分析法、德尔菲技术法、财务报表分析法、流程图分析法、事故树分析法等。

由于自身情况的特殊性，企业可以针对内部特有的情况，自行设计风险识别方法。目前较多企业采用风险清单分析法以及若干种方法相结合的方式进行风险识别。企业可以通过建立风险清单收集企业及国内外同行的风险信息，通过分类整理和分析汇总，定期对风险清单进行完善和更新。

1. 现场调查分析法

现场调查分析法，是指风险管理部门、保险部门、有关咨询机构、研究机构等机构的工作人员，就风险管理单位可能面临的损失，深入相关现场进行详细的调查，并出具调查报告。

2. 风险清单分析法

风险清单分析法也称检查表法，是指企业根据专业人员设计的较为全面的风险损失清单来排查企业可能面临的风险。风险清单列示的一般是此前已经存在的、较为普遍的基本风险。由于所列示的是企业基本的风险项目，所以风险清单通常内容繁多，企业可以根据风险的成因采取分部门、分单位、分关键岗位等方法来制定恰当的风险识别清单，以供风险管理人员使用。

企业风险管理人员应参照风险清单逐一检查，分析企业可能面临的各种风险。使用者只需要对照清单上列示的项目关注风险、分析风险，并视风险事故可能造成的危害，确定风险管理的先后顺序，采取不同措施。

3. 德尔菲技术法

德尔菲技术法也称专家意见法，是基于专家的知识、经验和直觉，发现潜在风险的分析方法。企业组织多位专家进行风险识别，就相关风险进行反复咨询，最终达成比较一致的主要风险识别意见，并以此来确定企业的相关风险。采用该方法时，风险管理专家通常以匿名方式参与活动，企业往往通过问卷等方式征询专家对相关风险的见解，并在专家中反复咨询，请他们进一步发表意见。此项过程进行若干轮之后，就不难得出对主要风险的一致看法。德尔菲技术法有助于减少数据中的偏差，并防止任何个人对分析结果产生过大的影响。

4.财务报表分析法

财务报表分析法也称杜邦分析法，通过分析资产负债表等财务报表和相关的支持性文件，风险管理人员可以识别出风险管理单位的财产风险、责任风险和人力资本风险等。需要分析的财务报表主要包括资产负债表、利润及利润分配表和现金流量表三大财务报表。通过水平分析、趋势分析、比率分析等方法，从财务角度发现企业面临的风险。

5.流程图分析法

流程图分析法，是指将风险主体按照生产经营的过程、活动的内在逻辑绘成流程图，针对流程中的关键环节和薄弱环节调查风险、识别风险的办法。一般来说，风险主体的经营规模越大，生产工艺越复杂，流程图分析法就越具有优势。

第三节 企业风险评估

一、风险评估简述

风险评估是通过风险识别，对可能存在的潜在风险进行估计、分析和评价，及时发现各类风险，深入分析风险成因和管理现状，明确风险管理重点的过程。风险评估的目的是在识别风险的基础上，进行分析与评估，从而有效地控制风险。

企业在进行风险评估的过程中，应考虑潜在事项影响目标实现的程度。可以从两个角度——可能性和影响进行评估，并且通常采用定性和定量相结合的方法，考虑潜在事项的正面和负面影响。

企业通过考虑风险的可能性和影响，来对其加以分析评估，并以此作为决定风险管理方式的依据。风险评估应立足于固有风险和剩余风险。

固有风险是指企业在没有采取任何措施来改变风险可能性或影响的情况下所面临的风险。

剩余风险是在企业实施了风险应对措施之后所剩余的风险。一旦风险应对措施已经就绪，企业就应更加关注剩余风险。

二、企业风险衡量的内容与程序

（一）风险衡量的内容

风险衡量中的重要内容是风险估计，即运用概率统计方法，对风险事件的发生及其后果加以估计，从而给出一个较为准确的概率水平。在进行风险分析时，风险衡量包括对风险事件发生频率的衡量和对损失严重程度的衡量。

（二）风险衡量的程序

风险衡量首先要确定风险事件在确定的时间内，比如一年、一个月或者一周内发生的可能性，即频率大小。估计这些风险事件会造成何种程度的损失，即损失的严重性。其次，根据风险事件发生的数量和损失的严重程度，估计总损失额。最后，风险管理者应预测这些风险事件的发生次数、损失严重程度及总损失额度，以便为决策者提供资料。

三、企业损失频率与程度衡量

（一）损失频率衡量

损失频率是指一定时期内损失可能发生的次数。对损失频率的测定可以估算某一风险单位因为某种原因而受损的概率，比如一幢建筑物因为火灾受损的概率。

损失频率衡量的具体方法有定性分级和概率测算两种。定性分级是风险管理者根据自己对风险的看法，将风险事件按照发生的可能性分级；概率测算是根据统计资料，应用概率统计方法进行计算。定性分级不够精确，但具有不必依赖有关风险高标准信息的优点。

企业在分析损失发生的频率时，如果能够掌握较为充分的信息，那么各种潜在损失发生的概率就较容易准确计算。损失概率越大，出现损失的可能性就越大。确定潜在损失发生的概率对风险管理决策的制定意义重大。通常，损失的频率比损失的严重程度更具有可预测性。尤其是对于一些大企业来说，由于风险标的集中，所以对风险事件的预测较为准确。但是，对于一般企业来说，要准确预测损失频率是比较困难的，因为大多数严重的损失并非天天发生，并且单个企业的风险标的也很难多到足以准确地预测损失发生的频率的水平。

（二）损失程度衡量

损失程度衡量是企业风险衡量中最重要的部分。损失程度是指每次损失可能的规模，即损失金额的大小。损失程度衡量实际上就是对损失的严重性进行估算。企业在确定损失程度时，必须考虑每一特定风险可能造成的各类损失及其对企业财务及总体经营的最终影响，既要评估潜在的直接损失，也要估计潜在的间接损失。

企业应当注意，损失程度不仅与损失类型有关，而且与遭受损失的风险单位个数有关。涉及同一风险的单位越多，则该风险的潜在损失就越大，尤其是在各单位发生损失的事件不独立时更是如此。此外，也应当考虑损失金额的时间效应。

衡量损失程度的另一种方法是，估计一年内由单一风险事件造成的损失额和多种风险事件造成的损失额的总和，即最大可能年总损失金额。这种损失或成因于单一风险，或成因于多种风险，是面临风险的一个或多个单位在一年内可能遭受的最大总损失量。这种方法与上述方法的相同点是损失数量在很大程度上取决于风险管理者选择的概率水平，不同点在于损失的严重程度也许是由多种结果造成的。

以上对损失发生频率和损失程度的衡量只是从风险估计的角度分析。风险估计应该采用概率分布方法加以定量化分析。企业衡量潜在的风险是为了今后能够选择适当的控制风险的方法。

第四节 企业风险应对

一、企业风险应对策略的原则

（一）风险规避

风险规避是指企业对超出风险承受度的风险，通过放弃或者停止与该风险相关的业务活动以避免和减轻损失的策略。在企业的生产经营中，风险规避可能包括退出一条生产线、拒绝向一个新的地区拓展市场，或者对存在或有风险的资产进行处置等，总之是退出会产生风险的运营活动。

（二）风险降低

风险降低是指企业在权衡成本效益之后，准备采取适当的控制措施降低风险或者减轻损失，将风险控制在风险承受度之内的策略。风险降低包括采取措施降低风险的可能性或影响，它涉及各种日常的经营决策。

（三）风险分担

风险分担是指企业准备借助他人力量，采取业务分包、购买保险等方式和适当的控制措施，将风险控制在风险承受度之内的策略。常见的风险分担措施包括购买保险产品、从事避险交易或外包某项业务等。

（四）风险承受

风险承受是指企业对在风险承受度之内的风险，在权衡成本效益之后，不准备采取控制措施降低风险或者减轻损失的策略。风险承受意味着企业不采取任何措施去干预风险的可能性或影响。

二、企业风险应对的基本要求

第一，在一般情况下，对战略、财务、运营和法律风险，可采取风险承担、风险规避、风险转换、风险控制等方法。对能够通过保险、期货、对冲等金融手段进行处理的风险，可以采用风险转移、风险对冲、风险补偿等方法。

第二，企业应根据不同的业务特点，统一确定风险偏好和风险承受度，即明确企业愿意承担哪些风险，企业能够承担风险的最低限度和不能超过的最高限度是多少，并据此确定风险的预警线及相应的对策。确定风险偏好和风险承受度，要正确认识和把握风险与收益的平衡，防止和纠正忽视风险，片面追求收益而不讲条件、范围，认为风险越大、收益越高的观念和做法；同时，也要防止单纯为规避风险而放弃发展机遇。

第三，企业应根据风险与收益相平衡的原则以及各风险在风险坐标图上的位置，进一步确定风险管理的优先顺序，明确风险管理成本的资金预算和控制风险的组织体系、人力资源、应对措施等。

第四，企业应定期总结和分析已制定的风险管理策略，确定其有效性和合理性，结合实际不断修订和完善风险管理策略。其中，应重点检查依据风险偏好、风险承受度和风险控制预警线实施的结果，并提出定性或定量的有效性标准。

三、企业风险应对的主要措施

第一，企业应根据风险管理策略，针对各类风险或每一项重大风险制定风险管理和解决方案。方案一般应包括风险解决的具体目标，所需的组织领导，所涉及的管理及业务流程，所需的条件、手段等，风险事件发生前、中、后所采取的具体应对措施以及风险管理工具。

第二，企业制定风险管理解决的外包方案时，应注重成本与收益的平衡、外包工作的质量、商业秘密的保护以及防止自身对风险解决外包产生依赖性风险等，并制定相应的预防和控制措施。

第三，企业制定风险解决的内部控制方案时，应满足合规的要求，坚持经营战略与风险策略一致、风险控制与运营效率及效果相平衡的原则，针对重大风险所涉及的管理及业务流程，制定涵盖各个环节的全流程控制措施；对其他风险所涉及的业务流程，要把关键环节作为控制点，采取相应的控制措施。

第四，企业应通过制定内部控制措施，减少或降低风险发生的概率，一般至少包括以下内容：①建立内部控制岗位授权制度。对内部控制所涉及的各岗位明确规定授权对象、条件、范围和额度等，任何组织和个人不得超越授权做出风险性决定。②建立内部控制报告制度。明确规定报告人与接收报告人，报告的时间、内容、频率、传递路线、负责处理报告的部门和人员等。③建立内部控制批准制度。对内部控制所涉及的重要事项，明确规定批准的程序、条件、范围和额度、必备文件以及有权批准的部门和人员及其相应责任。④建立内部控制责任制度。按照权利、义务和责任相统一的原则，明确规定各有关部门和业务单位、岗位、人员应负的责任和奖惩制度。⑤建立内部控制审计检查制度。结合内部控制的有关要求、方法、标准与流程，明确规定审计检查的对象、内容、方式和负责审计检查的部门等。⑥建立内部控制考核评价制度。具备条件的企业应把各业务单位风险管理执行情况与绩效薪酬挂钩。⑦建立重大风险预警制度。对重大风险进行持续不断的监测，及时发布预警信息，制定应急预案，并根据情况变化调整控制措施。⑧建立健全以总法律顾问制度为核心的企业法律顾问制度。大力加强企业法律风险防范机制建设，形成由企业决策层主导、企业总法律顾问牵头、企业法律顾问提供业务保障、全体员工共同参与的法律风险责任体系。完善企业重大法律纠纷案件的备案管理制度。⑨建立重要岗位权力制衡制度，明确规定不相容职责的分离。主要包括授权批准、业务经办、会计记录、财产保管和稽核检查等职责，对内部控制所涉及的重要岗位，可设置一岗双人、双职、双责，相互制约，明确该岗位的上级部门或人员应采取的监督措施和应负的监督责任，将该岗位作为内部审计的重点等。

第五节 企业风险管理的监督与改进

一、企业风险管理的监督

第一，企业内部审计部门应至少每年对包括风险管理职能部门在内的各有关部门和业务单位能否按照有关规定开展风险管理工作及其工作效果进行一次监督评价，监督评价报告应直接报送企业高层或董事会及董事会下设的风险管理委员会和审计委员会。此项工作也可结合年度审计、任期审计或专项审计工作一并开展。

第二，企业应建立贯穿整个风险管理基本流程，连接各上下级、各部门和业务单位的风险管理信息沟通渠道，确保信息沟通的及时、准确、完整，为风险管理的监督与改进奠定基础。

第三，企业内部控制及全面风险管理部门或归口部门，应对企业各类风险的管理情况进行跟踪和监控，定期向管理层报告风险信息。风险监控的主要内容包括各种可量化的关键风险指标、不可量化的风险因素的变化情况和发展趋势、风险应对措施的执行情况、风险管理的效果等。

二、企业风险管理的内部审计

企业内部审计人员应当实施必要的审计程序，对风险评估过程进行审查与评价，重点关注以下两个要素：①风险发生的可能性；②风险对组织目标的实现产生影响的严重程度。

内部审计人员在评价风险应对措施的适当性和有效性时，应当考虑以下三个因素：①采取风险应对措施之后的剩余风险水平是否在组织可以接受的范围之内；②采取的风险应对措施是否适合本组织的经营、管理特点；③成本效益的考核与衡量。

三、企业风险管理的改进

第一，企业风险管理部门应定期汇总、分析企业的全面风险管理情况，编制全面风险管理报告，按规定程序审定后方可予以上报。

第二，企业风险管理部门应定期对各部门和业务单位风险管理工作的实施情况和有效性进行检查和检验，要根据在制定风险策略时提出的有效性标准的要求对风险管理策略进行评估，对跨部门和业务单位的风险管理和解决方案进行评价，及时发现缺陷，提出调整或改进建议，出具评价和建议报告，及时报送企业总经理或其委托分管风险管理工作的高层管理人员。

第三，企业可以聘请有资质、信誉好、风险管理专业能力强的中介机构对企业的全面风险管理工作进行评价，出具风险管理评估和建议专项报告。报告一般应包括风险管理的实施情况、风险管理存在的缺陷、风险管理的改进建议，可重点关注以下几个方面：①全面风险管理总体目标；②风险管理组织体系与信息系统；③风险管理基本流程与风险管理策略；④企业重大风险、重大事件、业务流程的风险管理及内部控制系统的建设。

第五章 内部控制审计

第一节 审计范围与审计目标

一、内部控制审计的业务范围界定

（一）注册会计师的胜任能力

注册会计师的专长主要在会计、审计、税法、财务成本管理、公司战略、财务报告等方面。其他领域的内部控制，如生产安全内部控制、产品质量内部控制、环境保护内部控制等，超出了注册会计师的知识、技能和经验范围，需要其他领域的专家进行。

（二）成本效益的约束

注册会计师对财务报告的审计会给公司带来巨大的效益，推进公司治理结构和内部控制的完善，提高财务报告质量，但巨大的收益也伴随着巨大的成本。如果执行财务报告内部控制审计的费用超出了预期，就会增加企业的成本。

（三）投资者的需求

注册会计师对内部控制进行审计的主要目的是满足投资者等信息使用者的需求，保护投资者的权益。如果财务报告内部控制有效，可以使投资者对公司财务报告的可靠性有更多的信心，从而帮助投资者做出投资决策。并且，如果注册会计师认为财务报告内部控制没有问题，则意味着财务报表有重大问题的可能性大大降低，这在逻辑上是一致的，给投资者的信息也是一致的。

（四）对非财务报告内部控制审计的做法

从国外的情况看，内部控制审计主要局限在财务报告的内部控制。目前国际上尚未形成对非财务报告内部控制的有效性进行评价的依据和标准，在判断上存在较大的主观性，其结果缺乏可比性，对投资者的作用也很不确定。

二、内部控制审计的目标

（一）设计有效性

设计有效性是指公司是否适当地设计了能够防止或发现财务报表中存在重大错报的有关控制政策和程序。设计有效的财务报告内部控制，有助于防止或及时发现会引起财务报表产生重大错报的错误或舞弊，使合理保证财务报表公允性的所有控制政策和程序都处在其位并由称职的人执行和监督。当缺乏实现控制目标的必要控制或即使按照设计的程序运行仍无法实现控制目标时，财务报告内部控制的设计就存在缺陷。判断设计有效性的根本标准是设计出来的内部控制制度是否能为内部控制目标的实现提供合理保证。

（二）运行有效性

运行有效性是指有关的控制政策和程序是否能够如其设计的一样发挥机能。它涉及公司是如何运用这些控制政策和程序以及由谁来执行这些政策和程序。当设计合理的控制政策和程序没有按照要求运行，或者执行控制者没有必要的授权或资格，财务报告内部控制的运行就存在缺陷。

具体而言,在评价内部控制运行的有效性时,应当着重考虑以下几个方面：①内部控制由谁执行；②内部控制以何种方式执行（例如，人工控制还是自动化控制）；③内部控制在所评价期间内的不同时点是如何运行的，是否得到了一贯执行。

三、内部控制审计与财务报表审计的关系

财务报告内部控制审计与财务报表审计通常具有相同的重要性，而且，审计准则所要求的风险导向审计与内部控制规范体系所要求的风险评估在理念和方法上是趋于一致的，因此，整合审计具有较强的经济性与可行性。

在实践中，注册会计师可以利用在一种审计中获得的结果为另一种审计中的判断和拟实施的程序提供信息。例如，注册会计师在审计财务报表时需要获得的信息，在很大程度上依赖于注册会计师对内部控制的有效性得出的结论。

整合审计的目的就是在内部控制审计中获取充分、适当的证据，支持注册会计师在财务报表审计中对内部控制的风险评估结果；同时，在财务报表审计中获取充分、适当的证据，支持注册会计师在内部控制审计中对内部控制的有效性发表意见。

第二节 计划审计工作

一、人员安排

注册会计师应当恰当地计划内部控制审计工作，配备具有专业胜任能力的项目组，并对助理人员进行适当的督导。

在计划审计工作时，项目合伙人需要统筹考虑审计工作，挑选相关领域的人员组成项目组，同时对项目组成员进行培训和督导，合理安排审计工作。

审计项目的小组成员应当符合以下要求：

具有与承担的审计工作性质和复杂程度类似的内部控制审计经验；

熟悉企业内部控制的相关规范和指引要求；

掌握《企业内部控制审计指引》和中国注册会计师执业准则的相关要求；

拥有与被审计单位所处行业相关的知识；

具有职业判断能力。

二、评估重要事项及其影响

在计划审计工作时，注册会计师需要评价下列事项对财务报表和内部控制是否有重要影响，以及有重要影响的事项将如何影响审计工作：

与企业相关的风险，包括在评价是否接受与保持客户和业务时，注册会计师了解的与企业相关的风险情况以及在执行其他业务时了解的情况；

相关法律、法规和行业概况；

企业组织结构、经营特点和资本结构等相关重要事项；

企业内部控制最近发生变化的程度；

与企业沟通过的内部控制缺陷；

重要性、风险等与确定内部控制重大缺陷相关的因素；

对内部控制有效性的初步判断；

可获取的、与内部控制有效性相关的证据的类型和范围。

此外，注册会计师还需要关注与财务报表发生重大错报的可能性和内部控制有效性相关的公开信息，以及企业经营活动的相对复杂程度。在评价企业经营活动的相对复杂程度时，企业规模并非唯一指标，因为不只是规模较小的企业经营活动比较简单，一些规模较大和较复杂的企业，其某些业务单元或流程也可能比较简单。以下列示的是表明企业经营活动比较简单的因素：①经营范围较小；②经营流程及财务报告系统较简单；③会计职能较集中；④高级管理人员广泛参与日常经营活动；⑤管理层级较少，每个层级都有较大的管理范围。

三、贯彻风险评估原则

风险评估贯穿于整个审计过程。

在内部控制审计中，注册会计师应当以风险评估为基础，确定重要账户、列报及其相关认定，选择拟测试的控制并确定针对所选定控制所需收集的证据。

风险评估的理念及思路应当贯穿于整个审计过程。在实施风险评估时，可以考虑固有风险及控制风险。在计划审计工作阶段，对内部控制的固有风险进行评估，可作为编制审计计划的依据之一。根据对控制风险评估的结果，调整计划阶段对固有风险的判断，这也是一个持续的过程。

通常，对企业整体风险的评估和把握由富有经验的项目管理人员完成。风险评估结果的变化将体现在具体审计步骤及关注点的变化中。

内部控制的特定领域存在重大缺陷的风险越高，给予该领域的审计关注就越多。内部控制不能防止或发现并纠正由于舞弊导致的错报风险，通常高于其不能防止或发现并纠正由于错误导致的错报风险。注册会计师应当更多地关注高风险领域，而没有必要测试那些即使有缺陷也不可能导致财务报表重大错报的领域。

在进行风险评估以及确定审计程序时，企业的组织结构、业务流程或业务单元的复杂程度可能产生的重要影响也是注册会计师应当考虑的因素。

四、总体审计策略

注册会计师应当在总体审计策略中体现下列内容：

第一，确定内部控制审计的业务特征，以界定审计范围。例如，被审计单位采用的内部控制标准、注册会计师预期内部控制审计工作涵盖的范围、注册会计师对被审计单位内部控制评价工作的了解以及拟利用被审计单位内部相关人员工作的程度等。

第二，明确内部控制审计业务的报告目标，以计划审计的时间安排和所需沟通的性质。例如，被审计单位对外公布或报送内部控制审计报告的时间，注册会计师与管理层讨论内部控制审计工作的性质、时间安排和范围，注册会计师与管理层讨论拟出具内部控制审计报告的类型和时间安排以及沟通的其他事项等。

第三，根据职业判断，考虑用以指导项目组工作方向的重要因素。例如，财务报表整体的重要性和实际执行的重要性、初步识别的可能存在重大错报的风险领域、内部控制最近发生变化的程度、与被审计单位沟通过的内部控制缺陷、对内部控制有效性的初步判断、信息技术和业务流程的变化等。

第四，考虑初步业务活动的结果，并考虑对被审计单位执行其他业务时获得的经验是否与内部控制审计业务相关。

第五，确定执行内部控制审计业务所需资源的性质、时间安排和范围。如，项目组成员的选择以及对项目组成员审计工作的分派、项目时间预算等。

五、具体审计计划

注册会计师应当在具体审计计划中体现下列内容：

了解和识别内部控制的程序的性质、时间安排和范围；

测试控制设计有效性的程序的性质、时间安排和范围；

测试控制运行有效性的程序的性质、时间安排和范围。

六、对舞弊风险的考虑

在识别和测试企业整体层面控制以及选择其他控制进行测试时，注册会计师应当评价被审计单位的内部控制是否足以应对识别出的、由于舞弊导致的重大错报风险，并评价为应对管理层和治理层凌驾于控制之上的风险而设计的控制。

第三节 实施审计工作

一、自上而下的审计方法

（一）从财务报表层次初步了解内部控制的整体风险

在财务报告的内部控制审计中，自上而下的方法始于财务报表层次，以注册会计师对财务报告内部控制整体风险的了解开始；然后，注册会计师将关注的重点放在企业层面的控制上，并将工作逐渐下移至重大账户、列报及相关的认定上。这种方法引导注册会计师将注意力放在显示有可能导致财务报表及相关列报发生重大错报的账户、列报及认定上。然后，注册会计师验证其了解到的业务流程中存在的风险，并就已评估的每个相关认定的错报风险，选择足以应对这些风险的业务层面的控制进行测试。在非财务报告内部控制的审计中，自上而下的方法始于企业整体层面控制，并将审计测试工作逐步下移到业务层面的控制。

自上而下的审计方法，描述了注册会计师在识别风险以及拟测试的控制时的连续思维过程，但并不一定是注册会计师执行审计程序的顺序。

（二）识别、了解和测试企业整体层面控制

注册会计师应当识别、了解和测试对内部控制有效性有重要影响的企业整体层面控制。注册会计师对整体层面控制的评价，可能增加或减少本应对其他控制进行的测试

1. 企业整体层面控制对其他控制及其测试的影响

不同的企业整体层面控制在性质和精确度上存在差异，注册会计师应当从下列几个方面考虑这些差异对其他控制及其测试的影响：

第一，某些整体层面控制，如与控制环境相关的控制，对及时防止或发现并纠正相关认定的错报的可能性有重要影响。虽然这种影响是间接的，但这些控制仍然可能影响注册会计师拟测试的其他控制，以及测试程序的性质、时间安排和范围。

第二，某些整体层面控制旨在识别其他控制可能出现的失效情况，能够监督其他控制的有效性，但还不足以精确到及时防止或发现并纠正相关认定的错报。当这些控制运行有效时，注册会计师可以减少对其他控制的测试。

第三，某些整体层面控制本身能够精确到足以及时防止或发现并纠正相关认定的错报。如果一项整体层面控制足以应对已评估的错报风险，注册会计师就不必测试与该风险相关的其他控制。

2. 企业整体层面控制的内容

企业整体层面控制主要包括下列内容：

与内部环境相关的控制；

针对管理层和治理层凌驾于控制之上的风险而设计的控制；

被审计单位的风险评估过程；

对内部信息传递和期末财务报告流程的控制；

对控制有效性的内部监督（即监督其他控制的控制）和内部控制评价。

此外，集中化的处理和控制（包括共享的服务环境）、监控经营成果的控制以及针对重大经营控制及风险管理实务的政策也属于整体层面控制。

3.对期末财务报告流程的评价

期末财务报告流程对内部控制审计和财务报表审计有重要影响，注册会计师应当对期末财务报告流程进行评价。期末财务报告的流程主要包括以下内容：

将交易总额登入总分类账的程序；

与会计政策的选择和运用相关的程序；

总分类账中会计分录的编制、批准等处理程序；

对财务报表进行调整的程序；

编制财务报表的程序。

（三）识别重要账户、列报及其相关认定

注册会计师应当基于财务报表层次识别重要账户、列报及其相关认定。

如果某账户或列报可能存在一个错报，该错报单独或连同其他错报将导致财务报表发生重大错报，则该账户或列报为重要账户或列报。判断某账户或列报是否重要，应当依据其固有风险，而不应考虑相关控制的影响。

如果某财务报表认定可能存在一个或多个错报，这些错报将导致财务报表发生重大错报，则该认定为相关认定。判断某认定是否为相关认定，应当依据其固有风险，而不应考虑相关控制的影响。

在识别重要账户、列报及其相关认定时，注册会计师还应当确定重大错报的可能来源。注册会计师可以通过考虑在特定的重要账户或列报中错报可能发生的领域和原因，确定重大错报的可能来源。

在内部控制审计中，注册会计师在识别重要账户、列报及其相关认定时应当评价的风险因素，与财务报表审计中考虑的因素相同。因此，在这两种审计中识别的重要账户、列报及其相关认定应当相同。

如果某账户或列报的各组成部分存在的风险差异较大，被审计单位可能需要采用不同的控制应对这些风险，注册会计师应当分别予以考虑。

（四）了解潜在错报的来源并识别相应的控制

注册会计师应当实现下列目标，以进一步了解潜在错报的来源，并为选择拟测试的控制奠定基础：

了解与相关认定有关的交易的处理流程，包括这些交易如何生成、批准、处理及记录；

验证注册会计师识别出的业务流程中可能发生重大错报（包括由于舞弊

导致的错报）的环节；

识别被审计单位用于应对这些错报或潜在错报的控制；

识别被审计单位用于及时防止或发现并纠正未经授权的、导致重大错报的资产取得、使用或处置的控制。

注册会计师应当亲自执行能够实现上述目标的程序，或对提供直接帮助的人员的工作进行督导。

穿行测试通常是实现上述目标的最有效方式。穿行测试是指追踪某笔交易从发生到最终被反映在财务报表中的整个处理过程。注册会计师在执行穿行测试时，通常需要综合运用询问、观察、检查相关文件及重新执行等程序。

在执行穿行测试时，针对重要处理程序发生的环节，注册会计师可以询问被审计单位员工对规定程序及控制的了解程度。实施询问程序连同穿行测试中的其他程序，可以帮助注册会计师充分了解业务流程，识别必要控制设计无效或出现缺失的重要环节。为有助于了解业务流程处理的不同类型的重大交易，在实施询问程序时，注册会计师不应局限于关注穿行测试所选定的单笔交易。

（五）选择拟测试的控制

注册会计师应当针对每一相关认定获取控制有效性的审计证据，以便对内部控制整体的有效性发表意见，但没有责任对单项控制的有效性发表意见。

注册会计师应当对被审计单位的控制是否足以应对评估的每一相关认定的错报风险形成结论。因此，注册会计师应当选择对形成这一评价结论具有重要影响的控制进行测试。

对特定的相关认定而言，可能有多项控制用以应对评估的错报风险。反之，一项控制也可能应对评估的多项相关认定的错报风险。注册会计师没有必要测试与某项相关认定有关的所有控制。

在确定是否测试某项控制时，注册会计师应当考虑该项控制单独或连同其他控制，是否足以应对评估的某项相关认定的错报风险，而不论该项控制的分类和名称如何。

二、测试控制的有效性

（一）测试控制设计的有效性

注册会计师应当测试控制设计的有效性。如果某项控制由拥有有效执行控制所需的授权和专业胜任能力的人员按规定的程序和要求执行，能够实现控制目标，从而有效地防止或发现并纠正可能导致财务报表发生重大错报的错误或舞弊，则表明该项控制的设计是有效的。

（二）测试控制运行的有效性

注册会计师应当测试控制运行的有效性。如果某项控制正在按照设计运行、执行人员拥有有效执行控制所需的授权和专业胜任能力，能够实现控制目标，则表明该项控制的运行是有效的。

如果被审计单位通过第三方的帮助完成一些财务报告工作，注册会计师在评价负责财务报告及相关控制的人员的专业胜任能力时，可以一并考虑第三方的专业胜任能力。

注册会计师获取的有关控制运行有效性的审计证据主要包括以下内容：

控制在所审计期间的相关时点是如何运行的；

控制是否得到一贯执行；

控制由谁以及以何种方式执行。

第四节 评价控制缺陷

一、财务报告内部控制缺陷的处理

注册会计师在已执行的有限程序中发现财务报告内部控制存在重大缺陷的，应当在内部控制审计报告中对重大缺陷做出详细说明。

二、非财务报告内部控制缺陷的处理

注册会计师对在审计过程中注意到的非财务报告内部控制缺陷，应当区别具体情况予以处理。

第一，注册会计师认为非财务报告内部控制缺陷为一般缺陷的，应当与企业进行沟通，提醒企业加以改进，但无须在内部控制审计报告中说明。

第二，注册会计师认为非财务报告内部控制缺陷为重要缺陷的，应当以书面形式与企业董事会和经理层沟通，提醒企业加以改进，但无须在内部控制审计报告中说明。

第三，注册会计师认为非财务报告内部控制缺陷为重大缺陷的，应当以书面形式与企业董事会和经理层沟通，提醒企业加以改进。同时，应当在内部控制审计报告中增加"非财务报告内部控制重大缺陷描述"段，对重大缺陷的性质及其对实现相关控制目标的影响程度进行披露，提示内部控制审计报告使用者注意相关风险。

第五节 完成审计工作

一、形成审计意见

注册会计师需要评价从各种渠道获取的证据，包括对控制的测试结果、财务报表审计中发现的错报以及已识别的所有控制缺陷，以形成对内部控制有效性的意见。在评价证据时，注册会计师需要查阅本年度与内部控制相关的内部审计报告或类似报告，并评价这些报告中提到的控制缺陷。

只有在审计范围没有受到限制时，注册会计师才能对内部控制的有效性形成意见。如果审计范围受到限制，注册会计师可解除业务约定或出具无法表示意见的内部控制审计报告。

二、获取管理层书面声明

书面声明应当包括下列内容：

被审计单位董事会认可其对建立健全和有效实施内部控制负责；

被审计单位已对内部控制的有效性做出自我评价，并编制了内部控制评价报告；

被审计单位没有利用注册会计师在内部控制审计和财务报表审计中执行的程序及其结果作为评价的基础；

被审计单位根据内部控制标准评价内部控制有效性得出的结论；

被审计单位已向注册会计师披露识别出的所有内部控制缺陷，并单独披露其中的重大缺陷和重要缺陷；

被审计单位已向注册会计师披露导致财务报表发生重大错报的所有舞弊，以及其他不会导致财务报表发生重大错报，但涉及管理层、治理层和其他在内部控制中具有重要作用的员工的所有舞弊；

注册会计师在以前年度审计中识别出的且已与被审计单位沟通过的重大缺陷和重要缺陷是否已经得到解决，以及哪些缺陷尚未得到解决；

在基准日后，内部控制是否发生变化，或者是否存在对内部控制产生重要影响的其他因素，包括被审计单位针对重大缺陷和重要缺陷采取的所有纠正措施。

但是，如果企业拒绝提供或以其他不当理由回避书面声明，注册会计师应当将其视为审计范围受到限制，即可解除业务约定或出具无法表示意见的内部控制审计报告。

第六节 出具审计报告

一、标题

内部控制审计报告的标题统一规范为"内部控制审计报告"。

二、收件人

内部控制审计报告的收件人是指注册会计师按照业务约定书的要求致送内部控制审计报告的对象，一般是指审计业务的委托人。内部控制审计报告需要标明收件人的全称。

三、引言段

内部控制审计报告的引言段说明企业名称和内部控制已经过审计。

四、企业对内部控制的责任段

企业对内部控制的责任段说明按照相关规定，建立健全和有效实施内部控制并评价其有效性是企业董事会的责任。

五、注册会计师的责任段

注册会计师的责任段说明在实施审计工作的基础上，对财务报告内部控制的有效性发表审计意见，并对注意到的非财务报告内部控制的重大缺陷进行披露是注册会计师的责任。

六、内部控制固有局限性的说明段

内部控制无论如何有效，都只能为企业实现控制目标提供合理保证。内部控制实现目标的可能性受其固有限制的影响，包括：①在决策时人为判断可能出现错误和因人为失误而导致内部控制失效。例如，控制制度的设计和修改可能存在失误。②控制的运行也可能无效。例如，由于负责复核信息的人员不了解复核的目的或没有采取适当的措施，使内部控制生成的信息没有得到有效使用。③控制可能由于两个或更多人员进行串通舞弊或管理层不当地凌驾于内部控制之上而被规避。例如，管理层可能与客户签订背后协议，修改标准的销售合同条款和条件，从而导致不适当的收入确认等。再如，软件中的编辑控制旨在识别报告超过赊销信用额度的交易，但这一控制可能被凌驾。④在设计和执行控制时，如果存在选择执行的控制以及选择承担的风险，管理层在确定控制的性质和范围时需要做出主观判断。

因此，注册会计师需要在内部控制固有局限性的说明段中说明，内部控制具有固有局限性，存在不能防止和发现错报的可能性。此外，由于情况的变化可能导致内部控制变得不恰当，或对控制政策和程序遵循的程度降低，根据内部控制审计结果推测未来内部控制的有效性具有一定的风险。

七、财务报告内部控制审计意见段

如果符合下列所有条件，注册会计师应当对财务报告内部控制出具无保留意见的内部控制审计报告。

第一，企业按照《企业内部控制基本规范》《企业内部控制应用指引》《企业内部控制评价指引》以及企业自身内部控制制度的要求，在所有重大方面保持了有效的内部控制。

第二，注册会计师已经按照《企业内部控制审计指引》的要求实施审计工作，在审计过程中未受到限制。

八、非财务报告内部控制重大缺陷描述段

对于在审计过程中注意到的非财务报告内部控制缺陷，如果发现某项或某些控制对企业发展战略、法律遵循、经营的效率效果等控制目标的实现有重大不利影响，确定该项非财务报告内部控制缺陷为重大缺陷的，应当以书面形式与企业董事会和经理层沟通，提醒企业加以改进。同时，在内部控制审计报告中增加"非财务报告内部控制重大缺陷描述"段，对重大缺陷的性质及其对实现相关控制目标的影响程度进行披露，提示内部控制审计报告使用者注意相关风险，但无须对其发表审计意见。

九、报告日期

如果内部控制审计和财务报表审计整合进行，注册会计师对内部控制审计报告和财务报表审计报告需要签署相同的日期。

第六章 内部控制评价

第一节 内部控制评价的意义

一、通过内部控制评价，可以全面了解、掌握内部控制的实际执行情况及执行效果

企业的内部控制是根据各个经济业务系统来设置的，各个经济业务系统都有相应的控制体系。检查和评价各个经济业务控制制度的建立和执行，其目的是对企业的内部控制系统有一个全面的了解和把握，从而对企业的内部控制的健全性和有效性提供一个基本的评价，并为提出改进内部控制的意见和建议提供依据。

二、通过内部控制评价，可以明确控制关键点，诊断出控制强点和控制弱点

检查和评价内部控制制度的一个主要任务是找出控制强点和控制弱点，确定内部控制存在的重大缺陷、一般缺陷等。对于一些关键的控制弱点即重大缺陷要进一步提出改进完善的建议，使企业内部形成一个有效的自我防范机制，增强预防能力，防止问题的发生，做到事前控制，从而增强内部控制的有效性。

三、通过内部控制评价，可以为内部控制审计做好准备

内部控制审计是指由注册会计师进行的对企业内部控制建设和执行情况的评价与鉴定，它是市场经济发展的必然要求。注册会计师进行的企业内部控制审计是一种外部性质的评价与鉴定，需要依赖于企业内部的自我评价。换言之，有效的企业内部控制自我评价可以为注册会计师对于企业的内部控制审计提供基础，减少他们测试的工作量，从而提高内部控制审计效率。

四、通过内部控制评价,可以进一步完善内部控制的理论和实务操作程序

在我国,内部控制制度的建立是一项全新的工作,还存在着许多不完善的地方。虽然目前有国外的内部控制经验可以借鉴,但适合我国国情的内部控制理论还需要在实践中不断探索。通过检查和评价企业的内部控制制度,不断总结经验,不仅可以为企业的内部控制制度提供不断完善的意见和建议,还可以进一步探索和完善适合我国现实的内部控制理论。

五、通过内部控制评价,可以提高企业的管理效率

现代企业管理已经进入了一个例外管理阶段,企业的高层管理者的工作重心在于整个企业的发展规划、发展方向等战略层次,对于一些具体的经营业务,通常实行的是例外管理。通过检查和评价内部控制的执行情况,可以使高层管理者明确例外管理的内容和目标。

第二节 内部控制评价的主体

一、内部控制评价主体选择的理论依据

注册会计师进行的内部控制审计和企业自己进行的内部控制评价,就其本质来讲,都可以理解为是一种评价活动。因为注册会计师对于企业内部控制进行的审计,包括出具的审计报告,也是在评价的基础上进行的。

内部控制评价主体,也就是由谁进行评价的问题。目前,在国外,企业内部控制评价的一个新趋势是实行"控制自我评估",即每个企业不定期或定期对自己的内部控制系统进行评估,评估内部控制的有效性及其实施的效率效果,以期能更好地达到内部控制的目标。在一般情况下,对内部控制的检查与评价是通过内部审计来完成的,内部审计在某种程度上可以理解为对内部控制的再控制。

内部控制作为管理当局为实现管理目标而建立的一系列规则、政策和组织实施程序,与公司治理是密不可分的,公司治理结构是内部控制的源头。内部控制框架在公司的制度安排中扮演着内部管理监控者的角色,是公司治理和日常管理中不可缺少的部分。按照控制权与所有权分离以及管理者主导企业的理论,由于公司制企业中所有权的广泛分散,企业的控制权就事实上转移到了管理者手中。在这种情况下,承担对企业控制制度的健全性、有效性和协调性进行监督与审计职责的内部审计,理应超脱于总经理的控制,只

有如此才能做出客观的评价。根据委托代理理论，从经济学的理性假设出发，委托人和代理人具有不同的目标函数，代理人具有道德风险、机会主义、搭便车等动机和行为。如果内部审计成为总经理的代理人，其活动将在总经理的授权或指使下进行，这种契约安排形式就很容易使内部审计出现规避风险的机会主义行为，从而无法对总经理负责的内部控制做出客观的评价，对企业的经营管理起不到应有的作用。

理论上，由谁从事内部控制的评价工作并不重要，重要的是评价机构一定要满足一些必要条件。这些条件是：①评价机构一定要独立于被评价对象，即要具有独立性。这是保证评价结果具有超然性和客观性的基础。如果评价者与被评价对象之间不独立，那么可能的情况要么是评价者从属于被评价者，或者相反。而这两种情况都必然使评价者和被评价者之间具有紧密的利益关联性，评价者很难做出客观的评价。②评价机构一定要有权威性。这种权威性主要来源于评价者具有令人信服的专业知识和比较高的管理层次，否则，其评价结果可能因缺乏专业知识而不准确或者因管理层次较低而缺乏信服力和执行力。这是在选择内部控制评价主体时需遵循的理论基础。

二、我国企业内部控制评价的主体

企业的内部控制评价可以授权由内部审计或者类似的专门机构进行，也可以由企业委托中介机构来进行。但是，为企业提供内部控制审计服务的会计师事务所，不能同时为同一家企业提供内部控制评价服务。由此可以看出，我国企业的内部控制评价主体既可以是企业内部的审计机构，也可以是外部的注册会计师。

在我国的企业中，有些企业尤其是上市公司设立有审计委员会，由审计委员会领导和组织内部审计部门（处或科室）的工作，再由内部审计机构进行内部控制的评价。有些企业没有审计委员会，而是在总经理下设置审计部，该部与财务部、营销部、计划投资部等都是企业的职能部门，负责组织内部审计部门进行内部控制的评价。

我们认为，按照内部控制评价主体应该具备的条件和要求，内部控制的评价主体可以根据不同的评价对象来设定和选择。如果是评价企业某个业务领域的控制制度，如采购制度等，可以让内部审计机构进行。因为内部审计机构是独立于业务部门的，而且在总经理的授权下也具有一定的权威性。但是，如果评价对象是企业整体的内部控制系统，则最好让外部的注册会计师进行，或者如果存在审计委员会的话，由审计委员会来进行。这样可以避免总经理和企业管理层的干预，评价结果更具可靠性。

第三节 内部控制评价的内容

一、内部控制评价的标准

内部控制系统是以内部控制的目标为导向，以完善企业内部治理结构及内部控制环境为前提，以相关法规和制度为基本依据和准绳构建的。其基本框架是以内部控制的组织规划为前提和保证，以业务流程控制为主线，以确定业务循环的关键控制点、制定业务基本流程和相关制度。那么，内部控制评价的标准，既可以从企业管理与控制目标方面来考虑，也可以从内部控制要素的构成来认定，通常可以分为一般标准和具体标准两部分。

（一）内部控制评价的一般标准

内部控制评价的一般标准是指应用于内部控制评价的各个方面的标准，即内部控制制度整体运行应遵循和达到的目标。在检查和评价内部控制时，应该有一个明确的目标。内部控制评价业务的一般目标应该是对企业的内部控制的完整性、合理性及有效性做出判断。

（二）内部控制评价的具体标准

内部控制评价的具体标准是指应用于内部控制评价具体方面的标准，是内部控制制度运行应遵循和达到的目标。对内部控制进行检查和评价，应该从操作性较强的具体标准入手，对具体的内部控制的设计与运行有了认识之后，才能从整体上对企业内部控制的完整性、合理性和有效性做出判断。

内部控制评价的具体标准，还可以分为两个层次：

第一个层次是内部控制要素的评价标准；第二个层次是内部控制作业层级的评价标准。

二、内部控制评价的内容

（一）控制环境

控制环境是通过描述组织中人的个体品质来评价一个组织中的内部控制的有效性。人是内部控制制定与执行中最活跃的因素，只有组织中从管理层到基层员工在意识观念上都对内部控制的制定、执行和控制目标等达成了一致，才能有效发挥内部控制的作用。

（二）风险评估

风险评估是对企业所从事的包括销售、生产、营销和财务在内的不同活动中的风险进行确认、分析和管理的评价机制。企业在任何层面的任何活动中都会在一定程度上遇到风险管理的问题。由于在一定的时期内，交易和事件都面临着环境的改变，所以风险管理也是一个持续不断的过程，这种变化不论大小都会改变风险的程度和分布。因此，风险管理机制可以使人们知道怎样确认风险并采取相应的措施，这正是风险管理的全部内容，也可以简单地概括为使人们学会如何发现问题和处理问题，即进行事前控制，实施预防措施。企业内部的风险管理机制是评价企业内部控制全面性和有效性的一个主要指标。

（三）控制作业

控制作业主要是评价和检查管理层制定的方针、程序的执行情况，以保证目标的实现。每个企业都有自己的目标和战略实施方案，所以目标结构和相应的控制作业也就有所不同。对控制作业要素的评估不仅可以检查和评价企业内部控制的有效性，还能评价其合理性。

（四）信息和沟通

信息是确保人们履行职责的必要条件，而沟通则是各级人员接受最高管理层关于控制责任的指令的方式。信息和沟通要素是用来评价企业成员能够捕捉和交换在控制活动中所需信息的系统。

第四节　内部控制评价的程序与方法

一、内部控制评价的程序

内部控制评价的程序和审计程序一样，可以根据评价对象的现实情况做出权变性的选择。总的来说，评价的程序按照测试和评价的重点可以分为两个阶段——健全性测试和评价阶段与符合性测试和评价阶段。根据这两个阶段测试的结果所进行的后续评价过程称之为综合性评价。在评价过程中，如果健全性测试和评价认为某单位的内部控制系统是完善的，那么就可以对其进行符合性测试和评价；否则，即直接执行全面的实质性测试。如果符合性测试和评价认为该单位的内部控制系统的执行是有效的，就可在前期测试与评价结果的基础上，确定实质性测试的范围、重点和方法，进行有限的实质性测试。否则，即执行全面的实质性测试。内部控制的评价程序，应以流程图的形式来表现。

（一）在熟悉内部控制环境的基础上确定内部控制的评价模式

一个企业内部控制的有效性如何，在很大程度上取决于其内部控制的环境。内部审计人员在进行内部控制评价的时候，首先要了解企业的控制环境如何。这主要包括管理人员的控制意识、各级管理组织的设置、各级人员的素质、各项管理措施等。在熟悉了企业的控制环境以后，内部审计人员应该确定一个与这一环境相适应的内部控制评价模式。

所谓的内部控制评价模式，是指内部控制制度的理想模式，即完美无缺的内部控制制度具有的良好风险控制所需要的所有环节和手段。只有先了解理想的控制制度模式，才能在对比的基础上对现有的控制制度做出判断。内部控制评价模式实质上是以企业内部控制的目标为导向。内部控制评价模式可以使企业内部审计人员确定企业内部控制制度究竟应该怎样建立，明确内部控制制度达到什么样的标准才是健全、完善的，实际上它也是内部控制评价的依据。

这一阶段的主要工作程序，就是阅读有关规章制度和方针政策方面的文件，查看组织机构或业务程序系统图，与有关部门或人员进行座谈，还可以深入车间、工地或仓库做实地考察。

（二）了解内部控制结构

在检查评价的过程中，调查了解内部控制的构成是评价内部控制准备阶段的重要内容。在调查了解的时候，审计人员可以就内部控制的各个构成要素分别进行。

1.调查控制环境

内部审计人员需要获取控制环境各个子要素的有关信息，然后利用这些信息来评价企业高层管理人员和其他人员对内部控制重要性的态度和认识。

2.调查风险评估

内部审计人员通过调查企业管理者如何确定风险、如何评估风险、如何将风险发生的概率与管理目标、经营计划和财务报告的相关内容联系起来并采取相应的措施，来了解管理部门的风险评估过程。

3.调查控制作业

企业的作业是内部控制所指向的客体，它决定了企业内部控制的具体设计方式。内部审计人员应了解企业生产经营涉及的每个作业的控制政策和程序以及这些作业控制政策和程序能否降低风险等问题，以此来识别控制活动的重要程度。

4. 调查信息和沟通

这一要素的调查重点在于企业的会计系统和企业的授权和报告系统，主要是为了查明信息在各个部门的传递方式、传递速度等。

5. 调查监督

主要了解企业经常性的监督检查办法，即管理者为监督各项工作而使用的预算、计划、责任报告等制度和方法，内部审计部门的设置和工作情况等。

实际上，了解内部控制结构是建立在调查内部控制环境的基础上的。具体来说，审计人员可以通过了解企业管理机构的工作作风，各部门、岗位的权责是否明确，不相容职务是否分工负责、相互制约，经济业务流程是否都有书面记录，凭证填制、传递是否有明确的规定，是否符合程序牵制原则，重要经济业务是否都有检查、核对和考核制度，是否建立了独立的内部审计职能部门等来了解企业内部控制的结构。

（三）内部控制健全性测试和评价

在了解内部控制现状以后，内部审计人员就可以根据事先确定的评价模式对其严密性、合理性和完备性加以评价，即健全性评价。

在将现有的内部控制制度和理想模式进行比较时，我们应该关注内部控制制度整体上能否实现控制目标，控制程序是否清楚可行，现行控制制度与理想模式的差距有多大，以及存在差距的原因是什么，差距可能造成的后果等问题。内部控制制度的健全性评价特别要注意分析和识别内部控制的控制关键点，并明确哪些是控制强点，哪些是控制弱点。对内部控制制度的健全性评价的重点是对控制弱点进行分析。内部审计人员要分析这些控制弱点可能产生的后果、是否已采取补救措施来消除其不良影响，并分析控制弱点转变成控制强点的具体措施和步骤等。对内部控制制度的健全性进行评价的同时，还可以评价其合理性。内部控制的合理性要求内部控制布局合理，没有冗余控制，控制措施能契合本企业的实际情况，执行人员能够达到各个控制点的素质要求。

在分析企业内部控制系统中所有控制缺陷及其潜在影响的基础上，内部审计人员即可对其健全程度做出评价。如果认为企业的内部控制系统是健全的或基本健全，能够保证内部审计人员所关注的控制目标的实现，那么审计人员即可对企业的内部控制系统予以信赖，并测试其有效性；反之，审计人员对企业的内部控制不予信赖，直接进入实质性测试阶段。

（四）内部控制的符合性测试和评价

企业设置了内部控制系统，并不意味着就能达到预期的控制目的。内部控制制度能否发挥作用，还取决于它的实际执行情况。如果执行人员在工作中有令不行、行之不严，都会影响控制效果。因此，审计人员应对内部控制系统的实施情况和有效程度进行测试，即符合性测试，也称遵循性测试。

符合性测试是基于正确评价内部控制系统可靠性的需要而产生的，其根本目的就在于审查企业的各项控制措施是否都切实地存在于生产经营的各项管理活动之中，是否确实、一贯地遵守了制度规定的全部要求，并真正发挥了作用。

符合性测试一般根据企业的不同特点，或不同的业务环节及其要求，采取抽查的办法来测定现行内部控制制度是否有效执行，是否达到预期目标。其测试方式有两种。

一种是业务程序测试，即选择几个具体的典型业务作为样本，沿着内部控制所规定的处理程序进行检查，考察有关的控制点是否符合规定、是否能认真执行，从而判断各项控制措施的遵循情况。另一种是功能性测试，即针对某项控制程序的某个控制点，选择几个时期的同类业务进行审查，以此可以查明这一控制点的具体控制措施以及这些措施是否发挥了作用。

通过符合性测试就可以对内部控制制度在实际工作中的执行情况做出合理的评价。如果关键控制点或多个一般控制点失去了控制，则表明内部控制没有发挥预期的控制功能，就可以直接进入全面的实质性测试阶段；如果全部的控制点都执行良好或只有少数的一般控制点执行不力，则可进入综合性评价阶段。

（五）内部控制的综合性评价

经过上述几个阶段的审查和测试之后，内部审计人员对内部控制的健全性和有效性有了一个全面的了解，在此基础上，可以对企业的控制系统进行综合性评价。综合性评价主要包括以下两个方面：

1.汇集整理前述阶段的有关资料，分析内部控制的控制弱点及其影响

汇集大量的零散的审查资料并加以整理是进行综合性分析、评价的基础

性工作。审计人员应将健全性测试阶段和符合性测试阶段等各个阶段的有关资料分类汇总，特别是要把与内部控制系统中的控制弱点相关的资料汇集整理好，以利于分析人员把控制弱点归集到相关的控制点上，并分析控制弱点对整个控制效果的影响。

2. 评价内部控制的可靠性

内部控制的可靠性就是要确定在哪些方面以及在何种程度上可以依靠内部控制制度。一般情况下，内部审计人员可以在某种程度上或在某些方面依赖内部控制制度进行实质性抽样测试，并根据测试结果来审查和评价其可靠程度。

二、内部控制评价的方法

（一）内部控制调查法

在内部控制制度评价的程序中我们知道，要评价企业的内部控制制度，首先要了解企业的内部控制环境和结构，这就要求审计人员对企业概况、企业的组织结构和功能、重要管理制度、内部控制等各个方面开展调查。在实施调查的过程中，一般可以采用以下方法：

1. 查阅内部控制制度的文件资料

通过查阅有关文件或书面资料，可以了解企业内部控制制度的建设情况，获得对内部控制制度的整体印象。查阅的内容主要有：以前的审计档案、企业内部职责说明书或程序手册、业务处理流程图、会计资料、统计资料、其他内部管理规章制度等。在进行查阅时应做好记录，为后续的制度测试和评价提供依据。

2. 询问和观察内部控制制度的实施情况

（1）询问法

询问法就是找有关人员进行谈话，了解内部控制制度的内容与实施情况、职务分工情况、人员胜任情况等。运用询问法调查了解内部控制制度灵活、便捷，但具体运用时要注意以下几点：

第一，询问对象要全面，并具有代表性，既要有管理人员，也要有具体执行控制的非管理人员。仅仅针对某一方的调查询问是片面的。

第二，为使询问工作顺利进行，应事先拟好询问提纲，做好充分的准备。询问的问题要明确、具体，便于被询问者理解和回答。

第三，具体询问过程中，应注意询问技巧，注意被询问者的心理，以一种客观的立场倾听被询问者对控制制度的描述和看法，以提高询问质量。

第四，在询问过程中应做好记录。

（2）观察法

观察法是指为了了解内部控制制度的执行情况而在被调查部门和岗位进行实地考察。通过实地考察，可以进一步印证审阅法和询问法所了解的情况是否真实可信。例如，到办公室、车间和仓库等地进行实地考察，可以了解业务操作的具体过程，观察其操作流程与制度规定的流程是否一致，了解业务处理中的职务岗位分离情况，了解文件、资料、数据传递方式与保管及各岗位人员履行的职责与内部控制制度是否相符等。

3.调查表法

内部审计人员可以根据事先设计好的表格来了解企业内部控制制度的设计与执行情况。调查表法是指根据内部控制的要求，以理想的控制模式为指南，将需要调查的全部内容以提问的方式列在固定的格式表中，交由被调查的部门和人员来回答。这种方法既可以单独运用，也可以结合询问法与观察法一起使用。在实际使用中，虽然可以提高工作效率，节约时间和成本，但比较呆板，灵活性不佳，而且，在具体设计表格时必须将全部内容列出，问题要问得明确，否则，被调查人可能无法按调查人员的意图回答或提供其所需要的信息。

（二）内部控制的健全性测试法

健全性测试的根本目的是弄清内部控制措施是否均已建立，已经建立的内部控制措施是否有明确的控制目标，有关制度内容是否符合国家的有关规定，是否经济可行。健全性测试方法是对内部控制制度是否健全、合法和合理做出评价的方法。"健全"是指应有的内部控制制度已全部建立起来，能保证管理目标的实现；"合法"是指所有的内部控制制度与措施都在国家法律法规允许的范围内；"合理"是指各项内部控制制度和措施都有其特定的目标，且花费的代价也是适宜的，即只要内部控制制度能被有效遵循和执行，就能达到既定的控制目标。

对内部控制制度的健全性测试，主要包括对现行制度的描述、比较与评价。

1.制度描述

在对内部控制制度调查的基础上对其进行描述，是内部控制评价的前提。制度描述的方法，主要包括文字说明法、制调查表法和流程图法。

（1）文字说明法

文字说明法是一种通过书面语言将内部控制情况进行说明的方法。该方法一般按不同控制环节及主要控制点，分别说明其具体内容及特征、经办部门及人员、具体控制措施和方法，并指出有效控制的方面与可能存在的问题。文字说明法的最大优点是方便、灵活，可对企业内部控制的各个环节作比较深入和具体的描述，不受任何限制，可以应用于任何类型的企业。但文字说明法也有缺点，有时对内部控制的各个细节很难用简明易懂的语言来详细说明，不利于为评价内部控制风险提供直接依据。

（2）调查表法

调查表法就是将需要了解的内部控制制度的情况，通过一定的表格加以表示的方法。采用这种方法的关键在于，事先要根据企业内部控制制度系统的主要控制点和主要问题设计出一套科学合理的内部控制调查表。用表格描述内部控制制度情况，条理较为清楚、直观，问题突出，便于理解、阅读和评价。

（3）流程图法

流程图法是指用特定的符号和图形，将内部控制中各种业务处理手续以及各种文件或凭证的传递流程，用图解的方式直观地表现出来。

企业内部各个部门与人员分工明确，协作紧密，按照其职责分工分别从事各自的业务活动，并产生和利用一些合法的、经审批的文件和凭证。这些文件、凭证在各个部门和人员之间的传递，既反映了各项业务的处理过程，又协调了各项业务活动，形成了一个连续不断的流转过程。用特定的符号和图形，将这一过程以图解的方式描述出来，就是流程图。一般是每个主要经营环节应绘制一张流程图，将各个经营环节的流程图合并起来，就构成整个企业生产经营的流程图。

（三）符合性测试方法

1. 业务测试

业务测试是指按经济业务或会计事项类型编号，对企业的重要经济业务或会计事项做跟踪检查，借以判断内部控制系统中的关键控制点在整体业务过程中是否确实存在。在进行业务测试时，一般要将企业经营环节或重要经济业务划分成若干类型或子系统，每个类型中的有关业务应具有内在联系。比如，可以将货币资金作为一个子系统，对货币资金中涉及的控制点和控制内容进行实际测试，核查各项内部控制程序和措施与实际操作的符合程度。

2. 功能性测试

功能性测试主要侧重于内部控制的功能检查，即对关键控制点作用的发挥情况进行检查。根据内部控制的各种功能及其作用，功能性测试可以分为合法性、有效性、完整性、估算或计价、分类、截止期、过账与汇总等测试。

第五节 内部控制缺陷及其认定

一、内部控制缺陷的概念

内部控制缺陷是指内部控制系统中存在的会导致内部控制失效或低效的控制点。这里的缺陷是针对内部控制目标的实现与保证程度而言的。从理论上讲，所有影响内部控制目标实现的控制环节和控制点都是一种缺陷。所以，只要内部控制目标没有实现，就一定存在着这样或那样的控制缺陷；反之，如果企业设定的内部控制目标得到完全的实现，那么也就意味着内部控制系统中没有缺陷。因此，在内部控制评价中，未必一定要找出内部控制缺陷，尤其是不能以是否以及找出多少个内部控制缺陷作为企业内部控制评价是否认真、有效的衡量标准。

不过，在现实中，企业内部控制缺陷却是普遍存在的。换言之，不存在任何缺陷的内部控制系统是极为少见的。完美的内部控制只是一种理论上的分布或假设。这主要是因为：第一，人类的认知能力是有限的。这种有限性不仅表现在我们无法对被控制对象做出精确的认识和预测，尤其是面对规模大、组织结构复杂的企业更是如此；而且还因为我们无法用精确的语言来表达我们所观察到的被控制对象的特征，因此，所制定和所表述的内部控制制度有可能被企业内部的员工在执行中所误解。第二，即便我们在某个时间点上所制定的内部控制制度和所表述的内部控制制度是完善的，但是，由于被控制对象即企业经济活动和企业所处的经营环境是随时变化的，也可能出现原有的控制系统和控制制度因为过时而无法适应需要的现象。企业的内部控制系统是相对静止的，但是被控制对象却是绝对变化的，因此，内部控制系统的时滞性是无法彻底消除的。至少从理论上讲，内部控制系统的完美无缺是相对的，而内部控制系统的缺陷却是绝对的。

二、内部控制缺陷的分类

（一）按照形成原因分类

按照内部控制缺陷形成的原因，可以将内部控制缺陷分为设计缺陷和执行缺陷两种。所谓内部控制设计缺陷是指在内部控制系统的设计环节上存在的缺陷。这些缺陷主要表现为：第一，控制点的布设存在着遗漏，也就是说，有些业务节点上没有设计基于资产安全、效率提升等与内部控制目标相关的控制措施和管理制度；第二，有些业务流程节点虽然有相应的控制制度和措施，但是这些控制制度和控制标准不合法、不合理、不合情。

（二）按照影响程度分类

按照内部控制缺陷的影响程度，可以把内部控制缺陷分为重大缺陷、重要缺陷和一般缺陷三种。这三种缺陷的影响程度是依次递减的。其中，重大缺陷是指一个或者多个控制缺陷的组合使得企业行为严重偏离控制目标；重要缺陷是指一个或者多个控制缺陷的组合使得企业行为有可能偏离控制目标；一般缺陷则是指除了重大缺陷和重要缺陷之外的所有影响内部控制目标实现的因素。

三、内部控制缺陷的认定

内部控制缺陷的认定是一项复杂的工作。这种复杂性主要表现在控制缺陷具有高度的环境适应性和目标相依性的特征。前者使得不同行业、不同企业、同一企业的不同阶段都可能对控制缺陷有不同的认定标准；后者则使得相同的控制缺陷相对于不同的控制目标可能导致人们做出不同的评价和判断。

第六节 内部控制评价报告及其报送

一、内部控制评价报告的作用

（一）是管理当局履行受托责任的一种形式

内部控制评价报告的目的在于表明企业的内部控制是否有效。在市场经济条件下，资源提供者将资源提供给企业，交由经理人员进行经营管理，管理当局必须尽心尽责地完成受托责任，保证资产的安全完整，并向资源提供者提供内部控制评价报告以反映其受托责任的履行情况。管理当局应对企业的内部控制制度负责。如果企业没有健全的内部控制制度或者内部控制制度失效，导致财务报告虚假而对投资者形成误导或使企业的资产受到损失，管理当局将承担民事或刑事责任。因此，建立一套完善并能有效执行的内部控制制度是管理当局的职责。也正因为如此，管理当局对本企业的内部控制最熟悉，也最有能力对其进行评估。通过对企业的内部控制进行评估并将结果报告给投资者，实际上是向委托者表明管理当局已经履行了管理职责。

（二）促使企业管理当局提高内部控制

内部控制评价报告，必须由企业的总裁（CEO）、董事长和总会计师或财务总监签字。CEO 在管理报告上的签名将提高其对财务报告和内部控制的责任感，类似的，总会计师或财务总监的签字将强调他们对于内部控制设计与实施的作用和责任。

（三）有助于投资者做出更加科学的决策

通过内部控制评价报告，投资者可以在一定程度上了解企业的管理控制是否有效。如果企业有着良好的控制制度，则企业的经营有序，能够防范经营活动中的风险。反之，如果企业的内部控制混乱，则风险较大，投资者在做出投资决策时就必须谨慎。另一方面，作为投资者，也有权知道企业的运行是否正常，企业的资产是否有保障，因此，内部控制信息对于投资者而言也是一项重要的决策依据。

二、内部控制评价报告的主体

目前，对内部控制报告应由谁提供有两种观点：

一种观点认为应由注册会计师在提供会计报表审计报告的同时提供内部控制评价报告；另一种观点认为应由企业管理当局对外披露内部控制报告。首先应由企业管理当局（或其指定人，如内部审计机构）定期对本单位内部控制设计和执行的有效性进行评估，出具评估报告，然后再由注册会计师对其加以审核，提出内部控制审计报告。实际上，内部控制五要素之一的监督主要就是指管理当局对内部控制的评价，因此，内部控制评价报告应该由企业管理当局提供具有一定的理论和实践基础。

三、内部控制评价报告的内容

一般来讲，一份完整的内部控制评价报告理论上应包括以下内容：

第一，表明管理当局对内部控制的责任。管理当局应在内部控制报告中明确声明，建立、实施和维护企业的内部控制制度是管理当局的责任，企业内部控制的目标在于合理保证财务报告的可靠性、经营效果和效率、符合适用的法律和法规。

第二，关于内部控制的固有限制。内部控制只能对资产安全、财务信息报告的编制及效率效果等内部控制目标的实现提供合理的保证，并且随着环境、情况的改变，内部控制制度的有效性可能会发生改变，对内部控制制度的遵循程度可能会降低，因此，根据内部控制制度的评价结果推测未来内部控制的有效性具有一定的风险。

第三，企业已经按照有关标准设计与实施内部控制制度。需要声明企业是否已经遵守和实施了相关的内部控制，同时对于设计与实施内部控制的情况进行介绍和说明。

第四，声明本企业的内部控制系统是否存在缺陷，如果存在缺陷，那么这些缺陷可能影响内部控制的哪些目标，以及企业是否针对存在的缺陷采用或拟采用相应的改进措施等。

第五，企业管理层的签名，包括董事长、总经理、财务总监或总会计师等应在内部控制报告上签名，以表明对内部控制和内部控制报告所承担的相关责任。

四、内部控制评价报告的报送方式

（一）企业内部控制评价报告报送的理论依据

企业基于自身内部控制评价所形成的报告信息，从性质上讲属于企业的内部信息，那么这些报告所承载的信息为什么要向外报送呢？目前能够对此做出解释的主要有如下理论：

1. 受托责任理论

在经济发展过程中，股份公司的产生导致"两权分离"，即财产所有权与经营管理权的分离，这种分离必然形成所有者与管理者之间的委托和受托这样一种经济责任关系，也就是委托人和代理人的关系。对行为责任的履行情况进行报告，正是委托人正确评价受托人责任履行状况、受托人借以免责的重要依据。既然受托人肩负着建立内部控制的责任，那么就理应对内部控制的有效性进行报告。

2. 信息不对称理论

一般而言，证券市场只给我们提供了价格方面的信息，在包括内部控制信息的其他信息的分布上则存在严重的不对称现象，其中上市公司与投资者之间的信息不对称现象最为广泛。上市公司与投资者形成委托—代理关系，上市公司为代理人，投资者为委托人，在上市公司与投资者之间的博弈中，由于内部控制信息不对称的存在，会导致上市公司产生逆向选择和道德风险问题。

3. 信号传递理论

在目前的证券市场上，为了解决信息不对称及其导致的逆向选择问题，信号传递理论发挥着重要作用。信号传递理论认为，高质量的公司将通过传递信号将其与那些较次的企业区别开来，市场也会做出积极的反应，这些公司的股票价格将会上涨，而那些不披露信息的企业则被认为是经营不善，其股价将会下跌。因而，企业就有动力通过信息披露向市场传递积极的信号，从而使外部用户能将不同的企业区分开来，由此促进了证券市场的有效运行。正是因为企业管理当局有这种披露信息的动机，因此，即使在非强迫的情况下，一些企业也愿意披露和公开自己的内部控制评价报告。

（二）企业内部控制评价报告报送的方式

内部控制评价报告报送的方式涉及两个问题：

一是单独报送还是与其他报告合并报送；二是强制性报送还是自愿性的报送。

对于单独报送还是合并报送，从理论上讲两种方式都可以。如果选择单独报送，那么就意味着市场或者相关利益关系人在利用信息时是将内部控制信息与其他信息分开使用的。因此，内部控制信息可以单独地影响使用人的决策行为和判断。反之，如果选择合并报送，则理论假设是认为内部控制评价信息并不构成一个独立的信息整体，它必须和其他信息相互配合使用才能发挥其作用。具体在合并报送时，内部控制评价报告既可以和董事会报告、管理者讨论合并，也可以和注册会计师的审计报告合并提供。企业内部控制评价报告需要和注册会计师的内部控制审计报告一起对外进行报送和公开。

第七章 企业全面预算管理的原理

第一节 企业全面预算管理的基本知识

一、全面预算管理的内涵和内容

（一）全面预算管理的内涵

1. 全面预算管理是一项管理活动

作为一项管理活动，全面预算管理具备管理活动的五个基本要素。

（1）预算管理的主体——企业管理层

企业管理层是指在企业具有决策、领导和管理职能的组织或个人。它既可以是企业的董事会，也可以是经理团队；既可以指企业的决策、领导、管理机构，又可以指董事长、总经理等处于决策、领导和管理地位的个人。

（2）预算管理的客体——企业预算期内所有的经济活动

企业预算期内所有的经济活动就是企业预算期内经营活动、投资活动和财务活动的过程和结果。

（3）预算管理的手段——全面预算方法

全面预算方法就是将企业预算期内的所有经济活动全部编制为预算，并经过一定的程序审查、批准预算，使之成为企业预算期内法定的、规范的、具有高度权威性的行动计划。

（4）预算管理的职能——计划、执行、控制、分析、考核和奖惩等

企业采用全面预算方法，对预算期内所有的经济活动进行计划、执行、控制、分析、考核和奖惩。

（5）预算管理的目标——实现战略规划和经营目标

企业实施全面预算管理的目的是确保预算期内战略规划和经营目标的实现。

2.全面预算管理的本质

全面预算管理的本质属性是以预算为标准的管理控制系统，是企业实施内部管理控制的方法和工具。企业内部管理控制的方法和工具有很多，包括授权批准控制、会计系统控制、财产保全控制、风险防范控制、合同管理控制、管理信息系统控制、内部审计控制等。其中，全面预算管理是企业内部管理控制的主要工具和方法。它通过编制预算，制定了执行、控制和评价标准，对企业所有的经济活动实施了事前、事中和事后全过程的控制，在企业内部管理控制中发挥着核心作用。

3.全面预算管理涉及的范围

全面预算管理涉及企业经济活动的方方面面，是一项全员参与、全方位管理、全过程控制的综合性、系统性管理活动。"全员参与"是指企业内部各部门、各单位、各岗位，上至董事长，下至各部门负责人、各岗位员工都必须参与预算管理。"全方位管理"是指企业的一切经济活动，包括人、财、物各个方面，供、产、销各个环节，都必须全部纳入预算管理。"全过程控制"是指企业各项经济活动的事前、事中和事后都必须纳入预算管理控制系统。

4.全面预算管理的作用

全面预算管理是企业实现战略规划和经营目标的有效方法和工具。战略规划和经营目标的制定是一个思维过程，而战略规划和经营目标的实施则是一个行动过程。规划和目标制定得再好，如果得不到有效实施，就不能将美好的蓝图和愿景转变为现实。通过实施全面预算管理，企业不仅可以使用预算这个量化工具，使自身所处的经营环境、拥有的资源与企业的战略规划和经营目标保持动态平衡，而且通过预算编制可以将企业的战略规划和经营目标分解、细化为一个个具体的行动计划和作业计划，并通过预算执行、控制、分析、考核、奖惩等一系列预算管理活动的实施，使企业的战略规划、经营目标与具体的行动方案紧密结合，从而化战略为行动，确保企业战略规划和经营目标的实现。

（二）全面预算管理的内容

1.全面预算管理的动态分析

全面预算管理的动态循环过程是：企业从战略规划和经营目标出发编制预算，到执行预算，再到对预算执行的统计核算及将实际运行结果与预算进行比较，看执行结果是不是与预算指标相符。如果相符，那就通过了；如果不相符，就要看是什么性质的差异，差异额能否接受。如果差异额可以接受就通过，如果差异额不能接受，可能有两种情况：一种是预算编制不准确，另一种是预算编制没问题，而是执行过程中出现了偏差。如果预算编制得不准确，那就需要修订预算；如果预算编制得准确无误，就要分析和确认造成差异的原因，并采取措施矫正差异。如此不断循环下去，最终实现预算目标。值得注意的是，判断预算执行差异能否接受的标准是差异数额的大小和其对预算管理的影响程度。全面预算管理要求预算执行的差异数额越小越好，而不论是有利差异还是不利差异。

2. 全面预算管理的静态分析

从静态上分析，全面预算管理可分为十个模块。

（1）预算编制模块

预算编制模块的功能主要有两个：一是通过编制预算，企业总经理可以将来自股东或上级的要求以及市场竞争的压力传递给企业的各层级、各单位和每一名员工；二是通过编制预算，可以将企业的战略规划转化为短期的、可操作的行动计划。

编制预算的基本任务就是确定预算指标，设计预算表格，设置预算编制的程序和方法，层层分解、细化、落实预算指标等。

（2）预算执行模块

预算执行模块的功能主要是完成预算指标，其基本任务包括：根据预算指标设计业务活动方案；协调好企业供产销、人财物各方面的关系，确保生产经营活动的顺利进行。这个环节的关键是"严"字当头。因为没有严肃、认真的态度，各种预算指标就没办法分解、落实下去；没有严密、周全的保证措施，有了预算指标也没办法确保完成。

（3）预算控制模块

预算控制模块的功能主要是按照一定的程序与方法，确保企业各部门和员工全面落实和实现预算。预算控制的基本任务就是以预算指标为控制标准（包括质量标准、消耗标准、利润标准等），监督、检查预算的执行情况，发现偏差，找出原因，采取措施进行纠正，以确保预算目标的实现。按照预算控制的时序，可分为事前控制、事中控制和事后控制三类。在预算控制实施前企业要落实两件事：一是要有专司预算控制职能的组织体系，即明确由何部门、何职位、何人来负责何种控制工作。没有明确的控制机构和控制人员，控制职能就无法落实。二是必须将预算目标分解、细化到各个部门和岗位，对各部门、各岗位承担的预算责任必须有明确的规定。只有这样，通过预算控制发现的偏差才能明确应该由谁来承担责任，由谁来采取必要的纠正措施。

（4）预算调整模块

预算调整模块的主要功能就是根据需要适时调整预算指标，以确保预算管理顺利进行和预算指标的完成。

预算的可调性是全面预算管理的一个重要特色。当预算制定的基础、条件发生重大变化，原有预算的假设因素不复存在时，就必须对预算指标进行调整，否则，预算管理将无法有效运行。调整模块的基本任务包括明确预算调整的原则、方法、程序和时间等内容。

（5）预算核算模块

预算核算模块的功能是准确、及时地反映预算执行进度和预算执行结果，为预算分析、考核和奖惩提供依据。由于企业现有的按照国家《企业会计制度》开展的传统财务会计核算并不具备内部管理的功能，不适合预算管理，所以，企业需要设计专门的预算核算系统——责任会计制度，将各部门预算执行的进度和结果及时、准确地反映出来。这一预算核算系统的基本任务包括设计预算统计制度和核算制度、开展分部门的责任核算等。

（6）预算分析模块

预算分析模块有两个主要功能：一是确定差异，二是分析差异。大部分预算与执行结果之间的差异可以分为三类：一类是价格差异，一类是数量差异，还有一类是结构差异。预算分析的首要任务是将三类差异的数额确定下来，然后将造成这三类差异的原因找出来，将造成差异的责任落实到部门和责任人，并对症下药地进行解决。另外，企业要对预算执行的差异设定一个标准。当差异低于设定的标准时，可以不进行干预；如果差异达到或超过设定的标准，就应立即予以干预。这个设定的干预标准被称作预警线。如果利用计算机进行全面预算管理，就可以将干预标准预先设置在计算机信息处理系统里，当某个预算项目的执行差异达到或超过干预标准时，计算机系统就会自动显示，进行报警和提醒。

（7）反馈模块

反馈模块也叫报告模块，其主要功能就是将预算的执行进度和执行结果准确、及时地反馈、报告给有关职能部门和总经理，以保证上级对下级的预算执行过程进行有效监控。预算反馈的基本任务是设计反馈报告的形式和表格，建立经常性、制度化、程序化的预算反馈报告制度，并为整改措施拟定程序。

（8）审计模块

审计模块的主要功能是保证预算管理系统中传送数据的真实性和完整性。因为预算执行的结果与部门、员工的经济利益是密切相关的，不经过审计，就可能产生舞弊现象，就不能保证反馈报告数据的真实性。审计模块的基本任务是制定预算审计制度，对预算的编制、执行、考核和奖惩进行全方位审计。

（9）考评奖惩模块

考评奖惩模块的主要功能是解决激励和约束问题，是为了给预算管理系统中的当事人提供足够的动力。在全面预算管理中，如果对预算执行结果不进行考核、不与奖惩挂钩，预算就不能得到很好的执行，人们就没有内在的动力去执行预算。只有对预算执行情况进行考评，并与奖惩相关联，才能有效激励人们去努力完成预算。可以说，预算执行不与奖惩挂钩，就等于没有进行全面预算管理。很多企业预算执行不下去的根本原因之一，就是预算执行没有真正与奖惩挂钩。考评奖惩模块的基本任务是制定预算考评办法和预算奖惩兑现方案，企业总经理与有关预算责任部门签订预算目标责任书，预算考评部门对预算执行结果进行严格考评，制定预算责任部门的奖惩兑现方案等。

（10）管理及技术支持模块

管理及技术支持模块的主要功能是为预算管理提供所需的管理条件支持及技术条件支持。预算管理是一个以预算为标准的管理控制系统。预算控制有三个基本要素：一是控制标准；二是偏差信息；三是纠偏措施。贯穿其中的基础就是信息，任何控制都有赖于信息的反馈来实现。从信息管理的角度看，全面预算管理的过程也就是信息处理的过程。预算管理对信息的基本要求是准确、及时，这就需要提供一定的管理条件和技术保证措施，以保证全面预算管理的有效运行。管理及技术支持模块的基本任务是制定有关的管理制度，创造良好的管理环境，配置计算机硬件和开发全面预算管理系统等。

二、全面预算管理的具体流程

（一）拟定预算目标

预算目标是预算期内企业各项经济活动所要达到的结果，是落实到各预算部门的、具体的责任目标值。在安排各预算部门编制预算草案之前，首先需要企业管理当局根据战略规划和年度经营目标拟定企业及各预算部门的预算目标，作为编制全面预算的主线及方向。

（二）预算编制

企业各预算部门根据预算决策机构下达的预算目标和预算编制大纲，综合考虑预算期内市场环境、资源状况、自身条件等因素，按照"自上而下、自下而上、上下结合"的程序编制预算草案。

（三）预算审批

首先，企业预算管理部门对各预算部门上报的预算草案进行审查、汇总，提出综合性的建议，对在审查、平衡过程中发现的问题要提出调整意见，并反馈给有关部门予以修正；然后，在企业有关部门进一步修订、调整、平衡的基础上，汇总编制企业全面预算草案，经企业总经理签批后提交董事会或股东大会审议批准。

（四）预算的分解与落实

全面预算审批下达后，企业管理当局要通过签订预算责任书的方式将预算指标层层分解、细化，从横向和纵向两个方面将预算指标落实到企业内部各预算执行部门，形成全方位的预算执行责任体系。

（五）预算执行

在整个预算期内，企业的各项经济活动都要以全面预算为基本依据，确保全面预算的贯彻执行，形成以全面预算为轴心的企业经济活动运行机制。

（六）预算控制

预算控制是按照一定的程序和方法,确保企业及各预算部门落实全面预算、实现预算目标的过程,是企业全面预算管理顺利实施的有力保证。企业通过预算编制为预算期的各项经济活动制定了目标和依据,通过预算执行将编制的预算付诸实施,通过预算控制确保预算执行不偏离预算的方向和目标。

（七）预算调整

预算调整是在预算执行过程中，对现行预算进行修改和完善的过程。因为预算是用来指导和规划未来的经济活动，编制预算的基础很多都是假设，如果在预算执行中发生预算指标或预算内容与实际情况大相径庭的情况，就必须按照规定的程序对现行预算进行实事求是的调整。

（八）预算核算

为了对预算的执行情况和执行结果进行计量、考核和反映，企业必须完善预算核算体系，建立与各部门责任预算口径相一致的责任会计制度，包括原始凭证的填制、账簿的记录、内部产品及劳务的转移结算、收入的确认以及最终经营业绩的确定和决算报表的编制等内容。

（九）预算报告

预算报告是指采用报表、报告、通报等书面或电子文档形式对预算执行过程和结果等信息进行的统计、总结和反馈。它既包括日常预算执行情况的报告，也包括预算年度结束后对全年预算执行结果进行总结的决算报告。

（十）预算审计

预算审计是企业内部审计部门对全面预算管理活动的真实性、合法性和效益性进行的审计监督。通过审查评价预算管理体系的效率和效果，维护全面预算管理的严肃性、合法性和真实性，促进企业各预算执行部门改善预算管理、提高经济效益。

（十一）预算分析

预算分析是指采用专门方法对全面预算管理活动的全过程所进行的事前、事中和事后分析。其中，对预算执行结果的分析是重点，目的是确定预算执行结果与预算标准之间的差异，找出产生差异的原因，并确定其责任归属，为预算考评提供依据。

（十二）预算考评

预算考评是对企业全面预算管理实施过程和实施效果进行的考核和评价，既包括对企业全面预算管理活动实施效果的全面考评，也包括对预算执行部门和预算责任人的考核与业绩评价。

（十三）预算奖惩

预算奖惩是按照预算责任书中确定的奖惩方案，根据预算执行部门的预算执行结果对各预算执行部门进行奖惩兑现。预算奖惩是全面预算管理的生命线，是预算激励机制和约束机制的具体体现。建立科学的奖惩制度，一方面能使预算考评落到实处，真正体现责、权、利的结合；另一方面能有效引导人的行为，使预算目标和预算行为协调一致。

三、全面预算管理的制度体系

（一）制度类别

全面预算管理制度可分为基本制度、工作制度和责任制度三大类。

1. 基本制度

基本制度是实施全面预算管理的根本性制度，主要包括《全面预算管理制度》和《全面预算管理组织制度》。

第一，《全面预算管理制度》是关于企业实行全面预算管理的总条例，是推进全面预算管理的基本依据和规范。其内容主要包括：总则，主要对全面预算管理的原则、任务、适用范围等事项做出规定；组织体系，主要对全面预算管理的决策机构、办事机构、执行机构、监控机构、考评机构等职能机构的组成及职责范围做出规定；预算编制，主要对全面预算的编制内容、编制方法、编制程序、编制时间和编制部门做出规定；预算审批，主要对全面预算的审批程序、权限、内容和时间做出规定；预算执行，主要对全面预算执行的方法、步骤做出规定；预算控制，主要对全面预算执行的控制方法、控制程序和控制权限做出规定；预算调整，主要对全面预算的调整原则、调整程序、调整权限和调整时间做出规定；预算核算，主要对全面预算执行情况的责任核算方法、核算内容做出规定；预算分析，主要对全面预算执行过程和结果的分析方法、分析内容、分析程序和分析时间做出规定；预算考评与奖惩，主要对全面预算执行过程和结果进行考评与奖惩的方法、时间、程序等事项做出原则性规定。

第二，《全面预算管理组织制度》是明确全面预算管理决策机构、日常管理机构、执行机构和监控考核机构的组成与权责的制度性文件。其内容主要包括：明确全面预算管理决策机构——公司预算委员会的人员组成、议事规则和权责；明确全面预算管理日常管理机构——公司预算管理办公室的人员组成和权责；明确全面预算管理执行机构——预算责任网络的构成，将公司内部各部门分别划分为投资中心、利润中心和成本中心，并明确其权责；明确全面预算管理监控考核机构——公司预算考评委员会或办公室人员的组成和权责。

2. 工作制度

工作制度是有关全面预算管理的具体任务、程序、方法、规定等方面的制度，是全面预算管理制度的具体实施细则和依据，主要包括《全面预算编制制度》《全面预算执行制度》《全面预算核算制度》《全面预算分析制度》等若干个制度。

第一，《全面预算编制制度》一般以《预算编制大纲》或《预算编制指南》的形式出现。企业在布置各部门编制预算之前，必须由预算管理部门编写一份《预算编制大纲》，用以指导各部门的预算编制工作。一般而言，《预算编制大纲》应包括如下主要内容：全面预算编制工作的组织领导；全面预算编制的种类和期间（年度、季度、月度等）；各项预算编制的责任部门；各项预算编制的方法；各项预算编制的程序和时间要求；各项预算的审批程序和权限；各种预算表格的填制指南和有关部门之间的钩稽关系；预算编制的注意事项；预算的表格样式等。

第二，《全面预算执行制度》是对各种预算的执行方法、步骤、要求等事项做出的具体规定，主要包括《预算支出及报销审批制度》《预算支出立项制度》《物资采购制度》等具体制度和办法。其内容主要包括：明确各项预算执行的方法和程序；明确预算支出及报销的审批程序；明确各层级领导在预算执行方面的权力和责任。例如，执行基建技改项目预算应履行立项、招标、签订合同等程序；执行生产预算需细化指标，将责任分解到各车间、工段；执行物资采购预算要货比三家，比质、比价；执行销售预算要明确价格的审批权限、货款回收政策及应收账款的最高限额。

第三，《全面预算核算制度》是关于对预算执行过程和执行结果进行计量核算的制度性文件。因为国家统一规定的企业会计制度不能满足全面预算按部门、按可控性原则进行计量与核算的要求，所以，实施全面预算管理必须由企业财务部门自行设计责任会计制度。其内容主要包括：责任会计核算的基本程序；责任会计核算遵循的原则；责任会计核算的组织体系；各责任中心的核算方法与内容；责任会计的核算流程；各责任中心的内部结算；责任会计核算的内部仲裁等。

第四，《全面预算分析制度》是对全面预算执行过程和结果进行分析的制度性文件。其内容主要包括：预算分析的内容；预算分析的方法；预算分析的程序；预算分析的责任分工；预算分析的质量与时间要求等。

第五，《全面预算控制制度》是对全面预算执行过程和结果进行控制的制度性文件。其内容主要包括：预算控制的责任部门与职责；预算控制的方法；预算控制的内容；预算控制的程序；预算控制的权限等。

第六，《全面预算调整制度》是对全面预算进行调整的制度性文件。当因为各种原因必须调整预算指标时，应按制度规定的程序进行调整。其内容主要包括：预算调整的原则；预算调整的程序；预算调整的权限与责任；预算调整的时间；预算调整的具体办法等。

第七，《全面预算报告制度》是对预算执行过程和结果进行反馈报告的制度性文件。其内容主要包括：反馈报告的形式与种类；反馈报告的内容与编报时间；反馈报告的编制要求；反馈报告的责任部门；反馈报告的上报与使用等。

第八，《全面预算审计制度》是对全面预算管理的各环节进行审计监督的制度性文件。其内容主要包括：预算审计的内容、形式与种类；预算审计的原则与程序；预算审计的责任部门；预算制度审计；预算编制审计；预算执行审计；预算报告审计；预算考核审计；预算奖惩审计等。

第九，《全面预算考评制度》是对全面预算执行过程和结果进行考核与评价的制度性文件。其内容主要包括：预算考评的组织与责任部门；预算考评的原则与要求；预算考评的形式与内容；预算考评的方法、步骤与程序；预算考评的时间等。

第十，《全面预算例外管理条例》是处理全面预算管理日常事项的制度性文件。其内容主要包括：例外管理的原则；例外管理的范围与事项；例外管理的程序与要求；例外管理的授权与责任等。

第十一，《预算支出审批程序及授权规定》是明确预算支出审批程序与权限的制度性文件。其内容主要包括：预算支出的种类；预算支出的立项与审批程序；预算支出的审批权限；预算支出经办人与审批人的责任等。

3. 责任制度

责任制度是有关公司总部与各分公司、子公司以及公司内部各级组织、各类人员的工作范围、工作目标、应有权限、利益和工作程序等方面的制度，如《部门职责范围和工作标准》《预算目标责任》等。

第一，《部门职责范围和工作标准》是明确全面预算管理决策机构、日常管理机构、执行机构和监控考核机构职责范围和工作标准的制度性文件。其内容主要包括：公司预算委员会的职责范围与工作标准；公司预算管理办公室的职责范围与工作标准；公司各预算责任中心的职责范围与工作标准；公司预算监控考核机构的职责范围与工作标准。

第二,《预算目标责任书》是明确预算执行部门在预算期的预算目标和责、权、利关系的内部契约性文件。其内容主要包括:预算管理的主体和预算执行的主体;预算执行部门在预算期内的预算目标;预算管理主体和预算执行主体的权利与义务;预算执行过程及结果的奖励和惩罚方案。

(二)管理制度的制定

全面预算管理制度的制定一般要经过编写制度草案—征求意见—修改完善—审议通过—发布实施五个步骤。

1. 编写制度草案

预算管理制度的起草一般由公司负责预算管理的部门及人员负责,对于技术性较强的预算管理制度也可以委托社会管理咨询机构的专家进行设计。

2. 征求意见

制度草案编写完成后,需要广泛征求有关部门及相关人员的意见,为预算制度的实施奠定坚实的基础。征求意见的方法一般有两种:一是由制度起草部门召开部门会议,讲解制度草案,请参加会议的人员发表修改意见;二是将制度草案通过管理部门和相关人员逐个传阅的办法,请传阅的人员发表书面修订意见。

3. 修改完善

由于征求的修改意见是由不同部门站在不同角度提出的,这些意见往往反映了不同部门的权益,有的会带有明显的部门倾向性,因此,制度起草人员必须将征求到的修改意见进行归类汇总,经过去伪存真、去粗取精、全面平衡、综合考虑的过程,对制度草案进行全面修改完善,经公司分管领导审核后,即可提交有关权力机构审议通过。

4. 审议通过

制度的性质不同,审议的权力机构也不同。就预算管理制度而言,基本制度一般需要董事会审议通过,工作制度和责任制度一般需要总经理办公会或预算委员会审议通过。

5. 发布实施

经过审议通过的预算管理制度即可颁布实施。在实施中遇到的未尽事宜,由预算管理机构根据授权协调处理。

第二节 企业全面预算管理的模式探讨

一、从管理体制分析

（一）多法人企业类型

多法人企业的基本类型一般有控股型、实体型和管理型三大类。

第一，控股型企业的母公司作为单纯的控股公司，不直接参与子公司的生产经营活动。其投资的目的是占有子公司的股份，控制子公司的股权，并通过控制权来影响公司的董事会，从而支配被控股子公司的生产经营活动。

第二，实体型企业的母公司对所属子公司既拥有控股权，又直接参与子公司的生产经营活动。一方面，母公司利用控股优势对子公司的生产经营活动进行集团化管理，使下属子公司的生产经营活动符合整个集团或母公司的发展战略；另一方面，母公司又直接参与子公司的生产经营活动，使其成为集团或母公司的核心企业。

第三，管理型企业的特点则介于控股型企业和实体型企业之间。一方面，母公司不直接参与子公司的生产经营活动，而是通过控制权来影响子公司的策略，从而支配被控股子公司的生产经营活动；另一方面，母公司又利用控股优势对子公司的生产经营活动进行集团化管理。

（二）多法人企业的预算管理模式

1. 集中型预算管理模式

实体型企业通常采用集权型管理体制。在集权型管理体制中，子公司的所有重大决策，包括生产、经营、财务、人事等方面的权力都集中在母公司。与集权型管理体制相对应的预算管理模式为集中型预算管理模式。这种模式的主要特点是：公司总部既负责预算目标的确定，又负责预算的编制和下达；子公司参与预算编制，但不占主导地位，它更重要的角色是预算的执行主体，在预算执行中的经营自主权要受到母公司较大的限制；公司总部负责对子公司的预算执行情况进行考核、监督和业绩评价。

2. 分散型预算管理模式

控股型企业多采用分权型管理体制。在分权型管理体制中，子公司的重大决策权集中在母公司，母公司保持对子公司生产经营活动的直接监督与考核，子公司拥有人、财、物方面的大部分权力。与分权型管理体制相对应的预算管理模式为分散型预算管理模式。这种模式的主要特点是：公司总部以控股母公司的身份出现，它在全面预算管理中的任务主要是确定预算目标，子公司编制确保预算目标完成的预算草案，最后由母公司研究后审批下达；子公司在预算执行中拥有充分的经营自主权，母公司一般不予干涉；母公司负责对子公司的预算执行情况进行年度考核和经营业绩评价。

3.混合型预算管理模式

管理型企业通常采用混合型管理体制。这种企业的管理体制介于集权型和分权型之间，并因集权与分权的程度不同而各具特色。与混合型管理体制相对应的预算管理模式称为混合型预算管理模式。这种模式的主要特点是：母公司一般不直接参与子公司的生产经营活动，子公司在预算执行中拥有较大的经营自主权，但母公司对子公司的资本预算会进行较严格的控制；同时，公司总部按月对子公司的预算执行情况进行严格考核、监督和业绩评价。

二、从预算管理关键点上分析

（一）以资本预算为中心

企业在初创时期，生产经营活动还没有开展起来，企业的主要经济活动就是通过资本投入形成生产能力和规模。这一时期，企业面临的经营风险主要来自两个方面：一是大量的资本支出与现金流出，使现金流量成为负数；二是资本支出的成败及未来现金流量的大小有较大的不确定性，投资风险巨大。因此，在初创时期，企业的预算管理是以资本预算为中心的，资金的筹措、现金的流出都要围绕资本预算运转。此时预算管理的主要内容是：①搞好投资概算的编制和评审；②对资本支出项目进行可行性分析与评价；③编制项目投资预算；④编制现金支出预算；⑤编制筹资预算，从数量和时间两个方面保证投资项目的支出需要；⑥严格把关资本预算的审批程序，搞好现金支出的监督、控制与管理；⑦严格执行资本预算；⑧搞好资本支出的责任核算，正确反映资本预算的执行进度和结果。项目投资支出金额大，风险也大，因此，必须十分重视决策的科学性，要对拟投资的项目进行科学分析、反复论证，使最终选择的投资方案达到技术与经济的统一与最优化。资本投资项目一旦付诸实施，就一定要确保工期和质量，使项目按计划竣工并发挥预期的效益。

（二）以销售预算为中心

当企业步入成长期、产品处于投放期时，企业急需把产品迅速推向市场、占领市场。因此，企业的战略重点是在营销上，抢占市场、提高市场占有率是企业的第一要务。在抢占市场的过程中，企业有必要以较大的人力、物力、财力成本为代价，树立产品的形象，建立企业的竞争优势，达到占领市场、扩大市场份额的目的。这一时期，营销是企业的核心业务，营销部门是企业人力、物力、财力等资源配置的重点，企业的各个环节都应该全力支持和配合营销工作。所以，这一时期全面预算管理是以销售预算为中心的，企业的一切经营活动都要围着市场转。此时预算管理的主要内容是：①以市场为依托，编制积极的销售预算；②以"以销定产"为原则，编制与销售预算相衔接的生产、采购、成本及费用预算；③以销售预算为中心，编制现金预算和财务预算；④集中人力、物力、财力，确保销售预算的顺利执行。总之，在这一时期，企业预算管理的全过程都要围绕销售预算这个中心，要从有利于完成销售预算的角度来安排企业的全面预算。

（三）以成本预算为中心

当企业的产品步入成熟期时，市场上的占有情况基本已成定局。在这种情况下，企业的战略重点自然应转移到怎样通过内部挖潜来实现成本费用的降低上，以获得更多的利润。因此，这时企业的战略重点是成本管理，全面预算管理是以成本预算为中心的，企业的一切经营活动都要围着成本转。此时预算管理的主要内容是：①以产品销售价格和目标利润为基础，确定目标成本，编制成本预算；②以成本预算为基准，编制确保目标成本实现的采购预算、产品制造成本预算和期间费用预算；③以成本预算为中心，编制现金预算和财务预算；④以责任预算为依据，严格控制成本和费用的支出。

以成本预算为中心的预算管理模式的内在逻辑在于：企业欲达到期望的经营目标，在很大程度上取决于企业产品的市场占有率；而企业利润实现的高低，在更大程度上取决于对成本的控制。以成本预算为中心的预算管理，强调以成本控制来规划企业的目标利润和目标成本，然后分解到涉及成本发生的所有部门和岗位，形成约束各预算部门行为和预算成本的控制体系，最终实现企业的目标利润。

（四）以现金预算为中心

资金均衡、有效地流动是企业生存和发展的基础。只有保持资金流动的均衡性，并通过资金流动有效控制企业的经营活动和财务活动，才能防止企业发生支付危机，从而保证企业获取最大收益。确保资金均衡、有效地流动不仅是资金管理的核心目标，也是企业经营活动顺利运行的保证。企业管理要以财务管理为中心，财务管理要以资金管理为重点。因此，从财务管理的角度看，全面预算管理是以现金预算为中心，以现金流量为主线，对企业的经营活动、投资活动、财务活动进行合理规划、测算、执行、控制、核算和考核的资金管理活动。

以现金预算为中心的预算管理模式的主要内容是：①企业的一切经营活动都要建立在现金收支平衡的基础上；②现金预算是企业控制资金收支、组织经营活动的直接依据；③定期对现金流量进行分析，采取措施化解潜在的经营风险。

现金预算是财务预算的重要组成部分，它是与经营预算、资本预算紧密相关的。从某种意义上讲，控制了现金预算，就控制了企业的生产经营活动。因此，任何企业都应重视资金的控制管理。

（五）以利润预算为中心

随着世界经济一体化的发展，现代企业经营呈现出多元化的发展趋势：一是产品、产业多元化，即企业不仅要尽量避免经营单一产品，而且要努力涉足两个以上的产业经营。企业之所以走产品、产业多元化发展的道路，主要是出于分散经营风险的考虑。当然，这种产品、产业多元化不是把它做成零散型的，而是企业首先要有一个核心产品和核心产业。当企业在这个核心产业中站稳脚跟后，再去占领第二个领域，而且，进入一个领域就要占领一个领域，绝对不是盲目地分散风险。二是组织结构多元化，即单一法人企业越来越少，集团化、母子化企业越来越多。企业之所以走集团化发展的道路，主要是为了壮大企业实力，积极参与世界范围内的市场竞争。

很显然，在企业产品、产业多元化、组织结构集团化、母子化的大背景下，企业的经营活动也必然呈现多元化的特征，处于不同发展阶段的分部和处于不同生命周期的产品在空间上并存，在时间上相互交织。可能这个分部或产品处于创建（试制）期，那个分部或产品处于成长期，另一个分部或产品处于成熟期，还有的分部或产品又处于衰退期，即从某一个特定时期来看，企业处于哪一个阶段的分部或产品都有。在这种情况下，企业的预算管理可能是这个分部以资本预算为中心，那个分部以销售预算为中心，另外一个分部则以成本预算为中心。总体来讲，整个企业要做到整体利益最大化，即目标利润最大化。因此，多元化经营的企业应实行以利润预算为中心的预算管理模式。这与企业的经营目的是一致的。

另外，随着企业所有权和经营权的分离，以及出资者对经营者约束机制的强化，以利润预算为中心的预算管理模式必然会被越来越多的企业采用。

第三节 企业全面预算管理的前提与基础

一、实施全面预算管理的前提条件

（一）企业领导的认可与支持

实施全面预算管理涉及企业的方方面面，甚至直接触及某些部门、领导和员工的既得利益，是一种权利的再分配，必然会遇到种种阻碍。因此，全面预算管理属于"一把手工程"，必须得到领导重视，各级"一把手"必须亲自抓、亲自管，否则，全面预算管理很难取得预期的效果。要学习和借鉴国内外企业推行全面预算管理的先进经验，对各级领导特别是部门"一把手"进行全面预算管理的培训教育，提高各级领导对全面预算管理的认识。

第一，全面预算管理是企业法人治理结构的重要组成部分，是建立和完善现代企业制度的重要措施。实施全面预算管理是《公司法》及相应的《公司章程》的法定内容，不是企业可实行、可不实行的问题，而是必须实行的一项企业最基本的制度。

第二，推行全面预算管理是国内外企业的成功经验，世界上的大企业、强企业都在推行全面预算管理；国务院国有资产监督管理委员会、财政部也都颁布文件要求企业推行全面预算管理。推行全面预算管理既可以有效保障企业投资者的权益，又可以规范决策者、管理者的行为，维护全体员工的合法权益，提高企业的经济效益，是一件利国、利企、利民的好事。因此，推行全面预算管理是大势所趋，势在必行。

第三，全面预算管理是涉及整个企业的综合性、系统性、全局性的管理活动，它要求企业销售、生产、采购、技术等部门必须共同参与，仅仅依靠财务部门是无法完成全面预算管理重任的。

第四，全面预算管理是标准的"一把手工程"，没有各级"一把手"的重视、支持和参与，全面预算管理是不可能搞好的。在国外，企业的预算委员会都是由董事长、总经理亲自挂帅，从而使全面预算管理拥有了权力方面的有效保障。

第五，全面预算管理是一项技术性很强的管理方法，它的内容包括预算编制、审批、执行、控制、核算、分析、考核、奖惩等一系列管理活动，必须从人力、物力、财力等方面给予足够的重视和支持。只有企业各级领导真正从思想上认识到全面预算管理的重要性，才能为全面预算管理的成功实施奠定坚实的基础。

（二）全体员工的参与和配合

全面预算管理涉及企业生产经营活动的各个环节，而各个环节的工作是由企业不同的部门和员工来分担的。就在全面预算管理中扮演的角色而言，全体员工是全面预算的具体执行者，而只有预算的具体执行者才最熟悉情况，预算编制的水平如何、如何去完成预算，他们最有发言权。所以，推行全面预算管理必须以人为本，要让企业的全体员工积极参与到预算的编制、执行和控制中来，为更好地实施全面预算管理献计献策。同时，只有让企业员工参与了预算的编制，并且得到了他们的重视和支持，预算管理才易于被广大员工接受，全面预算才有可靠的基础，才能为完成全面预算管理的任务奠定基础，进而顺利地完成企业的各项预算目标。

此外，成功地动员企业全体员工积极参与全面预算管理，也可以减少企业领导与员工之间由于信息不对称而导致的消极和负面影响，从而有利于企业生产经营活动的顺利进行。因此，让全体员工直接或者间接地参与全面预算管理的整个过程是全面预算管理成功实施的重要前提。企业推行全面预算管理必须重视对全体员工的宣传教育和技能培训，调动全体员工自觉参与全面预算管理的积极性和主动性。

（三）高素质财会队伍的造就

造就一支思想作风好、业务素质高的财会队伍，是成功实施全面预算管理的前提和保证。尽管全面预算管理不是一项单纯的财务工作，但是，全面预算管理的核心是企业生产经营活动中的资金运动，是企业的财务管理，广大财会人员无疑是企业实施全面预算管理的主力军。因此，财会人员素质的高低直接关系到全面预算管理能否成功实施。这就要求广大财会人员必须从理论和实务两个方面努力学习，掌握全面预算管理知识，提高全面预算管理的操作技能，在财务管理的广度、深度和力度上下功夫，全面提高自身素质。

所谓广度，即全面性。全面预算管理的综合性要求财会人员必须树立大财务的观念，走出就"账"论"账"的狭小天地，把自己塑造成既精通财务会计又精通经营管理的复合型人才，把财务管理同生产经营管理活动有机结合起来。

所谓深度，即精细化。财务管理不能"纸上谈兵"，财会人员必须把财务管理落到实处，使企业的每项资源都能得到充分利用。

所谓力度，即强制性。财务部门要充分利用财会信息的权威性，在编制预算、执行预算和考核预算时，做到严肃认真、雷厉风行、责任分明。唯有如此，才能发挥财会人员在全面预算管理中的主力军作用，全面预算管理才能不流于形式，取得实效。

（四）树立以财务管理为中心的观念

企业实施全面预算管理，必须树立企业管理以财务管理为中心的观念。中华人民共和国成立以来，随着社会经济的发展和经济体制的改革，企业管理经历了三次管理中心的演变，即由计划经济时期的以生产管理为中心，转变到改革开放初期的以营销管理为中心，如今已转变为市场经济条件下的以财务管理为中心。

市场经济条件下，企业经营环境复杂多变，经营风险越来越大。要确保企业的利润最大化，就必须重视财务管理的职能作用，发挥财务管理预测、决策、计划、控制、分析、考核等方面的功能。要特别强调的是，财务管理不仅是财务部门的职责，以财务管理为中心，也绝对不能理解为以财务部门为中心。企业的人财物各个方面、供产销各个环节，从科室到车间，上至总经理，下至每一名员工，人人都要树立财务管理的思想，人人都要参与财务管理，一切生产经营活动都要比较投入产出，都要追求经济效益，都要考虑财务成果，使财务管理成为企业全员的、全方位的、全过程的管理。例如，采购部门在采购活动中要货比三家，在保证采购物资质量的前提下，努力降低物资采购成本，加强财务管理；生产部门在产品制造过程中，要努力保持稳定高产，降低消耗，节约制造费用，降低产品制造成本，加强财务管理；销售部门要在产品价格合理的前提下，提高产销率，降低销售费用，提高货款回收率，杜绝呆账、坏账发生，加强财务管理；仓储部门要在保证生产所需的前提下，压缩物资库存，及时清理积压物资，盘活存量物资，节约资金占用，加强财务管理；产品开发与设计部门要在保证完成新产品开发任务和保证产品质量的同时，降低新产品的设计成本，不断改进和提升加工工艺，加强财务管理；各管理部门要根据各自的职能分工和职责范围，提高工作质量和工作效率、努力降低各项管理费用的支出，加强财务管理等。可以说，企业的一切工作都与财务管理有着密切的关系，财务目标是统率企业一切经营活动的中心环节，企业从上到下都要围绕财务管理开展工作。只有这样，企业的全面预算管理才能真正发挥作用。

（五）财务管理机构建设的完善

企业经营活动的过程，也是资金流转的过程，确保资金均衡、有效地流动是财务管理的首要目标，也是衡量财务管理优劣的一个重要标志。因此，企业管理以财务管理为中心，而财务管理必须以资金管理为重点。实施全面预算管理，将企业资金的流转放到了十分重要的位置，企业应抓住实施全面预算管理的契机，围绕资金运动这条主线构建完善的财务运行机制。然而，目前我国大部分企业的财务管理机构不仅在部门设置上是与会计机构合二为一的，而且在职责范围上也是以会计核算职能和工作流程为主线进行职能划分的。由于财务管理的任务弹性较强，在程序与时间上要求比较灵活；而会计工作的任务刚性较强，在程序与时间上要求比较严格和规范，因此，财务与会计合二为一的管理体制也就自然而然地造成"刚性"的会计核算挤兑"弹性"的财务管理，从而导致我国企业长期以来重会计核算、轻财务管理的局面，也就导致许多人甚至有的领导干部也认为财务部门的主要职责就是记账、算账、报账和发工资。

财务管理主要是对资金运动的管理。在计划经济体制下，企业财务管理的主要任务是按照国家财政部门核定的定额及规定的渠道取得资金，并按照规定的用途使用资金，因此财务管理作为会计工作的附加职能也是顺理成章的事情。然而，在市场经济条件下，企业必须自主筹集并使用资金，企业对资金运动的管理处于企业管理的中心地位，财务管理也不再是一种附加职能，而成为与会计核算既互相联系又各司其职的、并重的管理活动，资金的筹集、合理配置和有效运用、经营的风险管理等事项已成为企业财务管理的主要内容。因此，实行财务与会计分离，建立相对独立的财务管理机构，不仅是企业管理以财务管理为中心的要求，也是实施全面预算管理的现实需要。也就是说，在有条件的大中型企业，可以通过全面预算管理的实施，成立专司财务管理和全面预算管理之职的财务管理部门。

（六）责权分明、奖惩挂钩的激励制度的建立

企业实行全面预算管理的一个重要标志是该企业的预算执行结果与奖惩

制度挂钩。只有将这二者关联起来，才算真正踏上了预算管理的轨道。道理很简单，如果预算目标完成与完不成一个样，那么预算方案的编制、预算目标的分解、预算的执行就会变得异常简单。因为，不与奖惩挂钩的预算充其量也只能是仅供参考的一纸文件，企业的各个部门、每名员工是不会重视的，更不会尽全力去完成这些预算目标。因此，实施全面预算管理必须树立考评与奖惩是全面预算管理生命线的理念，按照责、权、利相统一的要求，建立健全预算激励与约束机制，明确每个岗位及员工的责任和权利，将所有的预算责任落实到相应的部门和相关的人员；要建立严格的预算考评制度，使预算的执行结果与奖惩密切相关，使严格执行预算、确保预算目标完成成为所有部门和全体员工的自觉行动。实践证明，企业只有以预算目标为起点，以预算考评为终点，才能真正发挥全面预算管理的功效。另外，全面预算管理的效果与它在业绩评价中的作用是息息相关的。传统的绩效考评多采用与上年同期进行比较的办法，这种办法往往忽略了许多不可比因素，造成考评结果不甚合理，不利于调动全体员工的积极性。推行全面预算管理后，要以预算的各项指标作为绩效考评的依据。这样，既可以避免传统绩效考评的弊端，又可以有效提高各部门及全体员工对全面预算管理的重视程度，进而使全面预算管理取得预期的效果。

二、实施全面预算管理的基础工作

（一）原始记录

原始记录的基本要求有三个：一是全面完整，企业所有的经营活动都要有原始记录；二是真实可靠，原始记录的内容反映经营活动的本来面目，不得弄虚作假、肆意杜撰；三是序时及时，原始记录要按业务发生的先后顺序及时记载，一项经济业务发生后，要立即填制原始凭证并及时传递，做到不积压、不拖延、不事后补制。

企业要做好原始记录工作。首先，要依靠全体员工，实行专业管理与员工管理相结合；其次，企业要统一原始记录的格式、种类、填制方法和传递程序，避免各部门自行其是，各搞一套；最后，必须建立健全原始记录的编制、审核、传递、交接等责任制度，使每张原始记录、原始凭证都有专人负责。

原始记录责任人要担负起如下责任：①按原始记录的各项内容逐一如实填写，不能遗漏；②对各项经济业务发生情况及时做好记录；③所有记录的数据必须真实、准确，不得弄虚作假；④需要进行连续记录的数据，其记录应当连续；⑤原始记录的内容要字迹端正、书写清楚；⑥做好原始记录的签署、传递、汇集和保管工作。

（二）定额工作

定额工作是指对各种消耗、费用、资金等定额的制定、执行和管理工作。它是经营预测、决策、计划、核算、分析、考核、分配的重要依据，是推行全面预算管理必须完善的基础工作。因为定额是在一定的生产技术和生产组织条件下，在充分考虑人的主观能动性的基础上，对人力、物力、财力的配置、利用、消耗等所确定的标准，是核算的基础、计划的依据、管理的手段、控制的工具，所以，定额工作不仅是全面预算管理的基础工作，也是生产、计划、会计、技术、劳动、物资管理乃至整个企业的基础工作。

（三）计量工作

计量工作是指对生产经营活动中有关物资所进行的计量、检定、测试、化验、分析等方面的技术和管理工作。它主要是运用科学的方法和手段，从数量和质量两个方面反映、测定企业的生产经营活动状况，为企业的生产经营活动和会计核算提供准确的依据。可以说，企业会计核算和统计工作所获数据资料的准确性在很大程度上取决于计量工作情况，显然，如果没有准确的计量，就不可能提供准确的数据，也就无法据以准确地进行各项管理工作，更不可能使全面预算管理发挥应有的效能。另外，在企业生产经营活动中，所需物资的质量、数量、规格、型号是否合乎规定的技术要求，是关系到产品质量、安全生产、经济效益和企业生存的大问题。因此，计量工作必须引起各企业的高度重视，把计量工作纳入制度化、规范化、科学化的范畴。企业完善和加强计量工作，主要应抓好以下三个方面的工作：

一是完善计量制度，配备计量人员。计量制度主要包括计量标准、计量范围、计量手段、计量人员、计量程序和计量工作责任制等方面的内容。要根据企业规模的大小、业务的繁简，设立计量部门，配备计量人员，负责管理企业内部的各种计量器具和开展计量工作。

二是充实计量器具，严格计量范围。企业生产经营各个环节的计量器具必须配备齐全，特别是有些企业缺乏水、电、风、气计量器具的状况必须改变。材料物资的购进、领用、退回和产成品的入库、出售都要进行严格的检测、计量；对产品、半成品的内部转移也要进行严格的检测、计量；对水、电、风、气等物资的内部耗用，要有总表和分表的精确记载。

三是做好计量器具的检查、维修工作。计量器具在使用前要严格检查，不合格的不得使用。对于在用的计量器具，要经常维护和定期检修、校正和检定，以提高计量器具的完好率和保证计量结果的准确性。

（四）标准化工作

标准化工作是指对生产经营活动各项标准的制定、执行和管理工作。它是促使企业的生产、经营、技术以及各项管理工作达到科学化、规范化、制度化和高效化的必要措施，是管理现代企业，搞好分工协作，促进经济、技术发展的重要手段。加强标准化工作，使企业的生产经营活动受到科学标准的约束，不仅有利于建立良好的生产经营活动秩序，保证产品质量，提高工作效率，增加经济效益，而且有利于全面预算管理的推广和应用。

1. 技术标准

技术标准是对生产经营活动中有关质量、规格、结构以及检验方法等技术事项做出的统一规定，是进行生产技术活动的依据。它是根据不同时期的科学技术水平和实践经验，针对具有普遍性的事项提出的最佳解决方案。根据其性质和作用范围可分为国际标准、区域标准、国家标准、行业标准、地方标准和企业标准。只有推行技术标准化，才能把规模庞大、分工精细的现代企业生产中分散的、不同的生产部门和生产环节互相协调、衔接起来，使之成为一个有机联系的整体。

2. 管理标准

管理标准是企业为了合理组织生产经营活动，便于各级机构有效地行使管理职能，对重复性的管理工作、任务、程序、内容、方法、要求和考核奖惩办法等管理事项做出的统一规定，是科学组织、管理生产经营活动的依据。推行管理标准化，有利于实现各项管理工作的数据化、条理化和规范化，既便于科学地安排和开展工作，又便于检查、考核和控制管理活动，促进工作质量和管理水平的不断提高，为推行全面预算管理铺平道路。

第八章 企业全面预算的编制

第一节 企业全面预算编制的流程

一、企业全面预算编制的流程模式

（一）自上而下式

自上而下模式是指高层管理者先制定预算目标，然后自上而下地分解下达目标，各责任单位（部门）据此编制和执行预算。该模式的优点是能够更好地进行决策控制，保证企业利益最大化，同时兼顾企业的战略发展需要。高层管理者往往先设置预算期的整体目标，然后通过全面预算来实现这一目标，体现了预算管理更能服务于企业战略的作用；缺点是容易因总部对各责任单位（部门）的信息了解不充分，导致制定的目标脱离实际，可行性差，另外，各责任单位（部门）没有参与预算目标的制定，执行预算的积极性可能会受到影响。该模式适用于中小企业，其组织结构一般采用的是直线制或直线职能制，企业往往实行的是高度集权的预算管理模式。

（二）自下而上式

自下而上模式是指各责任单位（部门）根据自身的实际情况编制和执行预算，总部只起汇总和管理的职能，并对预算负有最终审批权。在自下而上的编制程序中，预算执行单位（部门）在资金、人员和物资等企业资源的使用上有充分的自主权。该模式的优点是能提高各责任单位（部门）的主动性，容易调动其编制和执行预算的积极性，体现权利与义务对等原则；缺点是易因缺乏战略发展规划的指引，不能从整体利益出发，导致"宽打窄用"和资源浪费。所以，这种模式不利于各责任单位（部门）发挥最大的潜能，容易产生与公司战略不符的预算目标。该模式适用于分权式企业的预算编制，一般是企业集团中的子公司。

（三）上下结合式

上下结合模式是指企业在确定经营总目标后，首先，预算管理部门确定企业总预算目标并将预算目标层层分解到各预算责任单位（部门）；其次，各预算责任单位（部门）根据分解目标并结合实际情况，编制出本单位（部门）预算，逐级往上汇总，协调平衡；最后，得出企业的总预算。采用这种模式的企业，预算的执行者在企业总目标和部门分目标的指导下进行预算的编制，体现了以集团管理为主的民主管理思想。该模式的优点是提高了员工参与预算的程度，上下反复沟通，增强预算目标的可执行性和透明性。缺点是会增加预算编制的难度，并导致预算编制周期较长。适合采用这种模式的是企业集团或大型企业，它们大多采用事业部制组织结构。

为保证各责任单位（部门）的预算编制与企业的整体战略目标协同一致，企业内部应该做到"上下一心"，在预算编制上加强沟通，建立互相沟通的平台，因此，选择合适的编制流程就很关键。企业一般应按照"上下结合，分级编制，逐级汇总"的流程编制预算。下面以编制年度预算为例，说明全面预算编制的流程。

二、企业全面预算编制的逻辑

第一，从企业产能和市场需求的平衡之间寻求预算决策。这一步骤是预算编制的起点，企业整体的运营管理就是企业产能和市场需求之间的平衡过程，而全面预算的编制就是以这个平衡作为决策的依据，将整体决策进行细化并逐步落实。企业应当根据自身的运营情况、资源配置及外部的市场需求、竞争对手等，在可供选择的运营管理方案中选择最能够有效支持年度预算目标的方案。

第二，确定各个责任单位（部门）的任务。这一步骤是在全面预算管理编制的流程中，把业务驱动预算作为最关键的环节。确定了年度运营管理方案之后，企业应该落实各个责任单位（部门）的具体工作任务和计划，并进行相关的任务安排、计划和预测。

第三，形成具体的执行安排，产生预算编制结果。按前面两个步骤执行后，接下来应该形成具体的执行安排，并且产生财务预算，形成预算编制的结果。

三、企业全面预算编制的起点

（一）以生产预算为起点

在产品处于卖方市场的情况下，产品供不应求，企业生产多少就能销售多少，生产决定销售。在这种情况下，预算编制的起点必然是生产，只要生产"搞定了"，其他则全部"搞定"。这种情形在计划经济时期比较普遍，而在市场经济条件下，由于市场规律的影响，只是出现在垄断行业或个别领域，以及个别产品的某个时期。例如，当电力供不应求时，各发电企业需要开足马力、满负荷生产，这时就会以发电量指标作为预算编制的起点，首先确定发电的数量，然后以产定销，确定销售预算、采购预算、人工预算、费用预算、成本预算、利润预算等。

（二）以销售预算为起点

在产品处于买方市场的情况下，产品供过于求，销售决定生产。这时，企业的生产必须贴近市场、适应市场，就必然以销售预算作为预算编制的起点，首先确定产品的销售数量，然后以销定产，确定企业的生产预算、采购预算、人工预算、费用预算、成本预算、利润预算等。以销售为起点的预算管理模式是现代市场经济条件下普遍采用的一种预算管理模式。

（三）以采购预算为起点

某些企业的产品供不应求，生产技术也足够支持，但因为生产所用的原材料有限，生产能力完全取决于原材料取得的多少，这时原材料的供应就成为决定产量的关键性因素，应该以采购预算为起点编制全面预算。

（四）以资本支出预算为起点

以资本支出预算为起点的预算管理模式多为处于初创期的企业所采用。在企业创业初期，面临着很大的经营风险，一方面是有大量的资本支出与现金支出，使得企业净现金流量成为负数；另一方面是新产品开发的成败及未来现金流量的大小具有较大的不确定性，投资风险大。投资的高风险性使得新产品的开发及其相关资本投入需要慎之又慎，这时的预算管理应以资本支出预算为重点。

（五）以成本控制为起点

以成本控制为起点的预算管理模式是现代企业为适应低成本竞争而采用的一种预算管理模式。在一个产品的市场成熟期，企业的经营风险相对较低，但潜在的压力则非常大。这种压力体现在两个方面：一是成熟期长短变化所导致的持续经营的压力与风险；二是成本上升的压力与风险。其中，市场的成熟期的长短对一个企业而言是不可控风险，但成本的上升相对而言是可控风险。也就是说，在既定产品价格不变的前提下，企业收益能力的大小完全取决于成本这一相对可控的因素。因此，成本控制就成为这一阶段财务管理甚至企业管理的核心。

第二节 企业全面预算编制的方法

目前，预算编制的方法有多种，常用的方法主要有固定预算法、弹性预算法、增量预算法、零基预算法、定期预算法和滚动预算法等。正确选择预算编制方法是保证预算科学性、可行性的重要前提，因此，在具体的预算编制中，应基于基本的预算编制逻辑，灵活选择适宜的编制方法。

一、固定预算法与弹性预算法

（一）固定预算法

固定预算法又称为静态预算法，是根据预算内正常的、可实现的某一固定业务量（如销售量、生产量）作为唯一基础来编制的预算。固定预算法是编制预算最基本的方法，按固定预算法编制的预算称为固定预算。

固定预算法的特点是不考虑预算期内业务量水平可能发生的变动，只以某一确定的业务量水平为基础制定有关的预算，在预算执行期末，将预算的实际执行结果与固定的预算水平加以比较，并据此进行业绩考评。此方法存在适应性差和可比性差的缺点，一般适用于经营业务稳定、产品产销量稳定、能准确预测产品需求及产品成本的企业，也可用于编制固定费用预算。

（二）弹性预算法

弹性预算法又称为动态预算法或变动预算法，是在按照成本（费用）分类的基础上，根据量、本、利之间的依存关系，考虑到预算期间业务量可能发生的变动，编制出一套适应多种业务量的预算。按弹性预算法编制的预算称为弹性预算。

从理论上讲，弹性预算法适用于编制全面预算中所有与业务量有关的各种预算，但在实务中，主要用于编制弹性成本费用预算和弹性利润预算等。弹性预算能够反映预算期内与可预见的多种业务量水平相对应的不同预算额，扩大了预算的适用范围，便于预算指标的调整。

二、增量预算法与零基预算法

预算编制方法按照预算编制所依据的基础不同，可以分为增量预算法与零基预算法。

（一）增量预算法

增量预算法又称为调整预算法，是指以基期水平为基础，分析预算期内业务量及有关影响因素的变动情况，通过调整基期项目及预算额来制定预算的一种编制预算的方法。用增量预算法编制的预算称为增量预算。

按照这种方法编制预算，往往不加分析地保留或接受原有的成本项目，可能使原来不合理的费用继续开支而得不到控制，造成不必要开支的合理化和预算上的浪费。此外，当预算期的情况发生变化，预算数额会受到基期不合理因素的干扰，可能导致预算的不准确，不利于调动各责任单位（部门）达成预算目标的积极性。

（二）零基预算法

零基预算法是"以零为基础编制预算"的方法。采用零基预算法编制费用预算时，不考虑以往期间的费用项目和费用数额，主要根据预算期的需要和可能，分析费用项目和费用数额的合理性，综合平衡编制费用预算。用零基预算法编制的预算称为零基预算。

零基预算法作为一种预算控制思想，它的核心是要求预算编制人员不要盲目接受过去的预算支出结构和规模，一切都应按照变化后的实际情况重新予以考虑。应用零基预算法编制预算的优点是不受前期费用项目和费用水平的制约，能够调动各部门降低费用的积极性，但其缺点是编制工作量大、时间长，对企业资源的分配极易受主观意识的影响。

三、定期预算法与滚动预算法

（一）定期预算法

定期预算法是以固定不变的会计期间（如年度、季度、月份）作为预算期的一种编制预算的方法。定期预算法并不是一种单纯的预算编制方法，如果前述的固定预算法、弹性预算法、增量预算法和零基预算法以固定不变的预算期间编制预算，都可以称为定期预算法。用定期预算法编制的预算称为定期预算。

采用定期预算法编制预算，保证预算期间与会计期间在时间上匹配，便于将会计报告的数据与预算比较，考核和评价预算的执行结果，但不利于前后各个期间的预算衔接，不能适应连续不断的业务活动过程的预算管理。

（二）滚动预算法

滚动预算法又称为连续预算法或永续预算法，是指在编制预算时，将预算期间与会计年度脱离，在上期预算完成情况的基础上，不断延伸补充预算，将预算期间逐期连续向后滚动推移，使预算期间保持一定的时间跨度。用滚动预算法编制的预算称为滚动预算。

运用滚动预算法编制预算，使预算期间依时间顺序向后滚动，能够保持预算的持续性，有利于企业考虑未来业务活动时结合企业近期目标和长期目标，对预算不断加以调整和修订，能使预算与实际情况更相适应，有利于充分发挥预算的指导和控制作用。

第三节　企业全面预算编制的准备

一是制定预算编制原则；二是夯实编制基础，健全定额体系，初次编制预算的企业首先要建立健全科学、合理的定额体系，非初次编制预算的企业也需要对现行的预算定额进行修订；三是设计预算表格，明确钩稽关系；四是确定预算目标，搞好目标分解；五是编写预算大纲，明确预算方法；六是召开预算会议，布置预算编制工作。

一、企业全面预算编制的期间与时间

企业全面预算编制的期间主要根据预算的内容和实际需要而定，可以是一月、一季、一年等。一般情况下，编制企业全面预算多以一年为一个预算期，年内再按季度或月度细分，而且预算期间大多与会计期间保持一致。

企业全面预算编制的时间主要取决于以下几个因素：

企业的规模大小和组织结构、产品结构的复杂程度；企业编制预算的方法和工具；企业预算管理开展的深度和广度；预算审批程序的复杂度。

编制预算的时间太早、太晚都不行，太早影响预算的准确性，太晚影响预算的执行。一般而言，独立法人企业的年度预算应在上年度的 10 ～ 11 月开始编制，集团企业的年度预算应在上年度的 9 ～ 10 月开始编制。

二、企业全面预算表格的设计

（一）预算表格的分类

1.按预算表的功能分类

预算表按功能不同，可以分为主表、分表、计算表和基础表四大类。

主表也称为狭义预算表，是一个企业、一个部门编制预算的最终产品，它反映了全面预算中各项目的预算目标值，如资产负债预算表、利润预算表、现金预算表等。

分表也称为副表，是对主表进行细化或补充说明的表。当预算主表的项目、格式、栏次不能满足预算编制需要时，就需要编制分表予以对应、细化、补充和说明。例如，制造费用预算主表只能反映预算期内企业制造费用总额及细分到各个季度、月份的数额，如果要细化到各个分厂、车间的制造费用数额就需要编制预算分表进行描述。

计算表也称为附表，是反映预算指标计算过程的表。编制预算需要运用计算公式进行大量的数字计算。例如，编制采购预算就需要按照"采购量＝生产消耗量＋期末库存量－期初库存量"和"采购金额＝采购量×预算价格"的基本公式进行计算。这些反映预算指标计算过程的表格往往要作为附件放在主表、分表的后面，以方便有关部门对预算编制过程进行审查和核实。

基础表也称为工作底表，是采集预算基本资料、数据和提供编制依据的表。编制预算需要很多基础性的数据和资料。例如，编制产品成本预算需要材料耗用量、材料单价、工时定额、费用定额等数据资料；编制销售预算需要营销环境、市场分析、销售政策等资料，提供这些预算基本数据的表就是基础表。

2. 按预算表反映的内容分类

预算表按反映的内容不同，可以分为业务预算表、专项预算表和财务预算表。业务预算表反映的是预算期内企业日常的生产经营活动；专项预算表反映的是预算期内企业进行的资本性投资活动、筹资活动和分配活动；财务预算表反映的是预算期内企业有关的现金收支、经营成果和财务状况。

（二）预算表格的设计

编制全面预算需要设计主表、分表、计算表和基础表的具体格式。不同的表格具有不同的设计要求。

主表的设计要求简洁明了、一目了然；分表的设计要求具体详尽、细致入微；计算表的设计要求繁简适度、计算关系明确、计算过程清晰；基础表的设计要求因事制宜、灵活多样、适用性强。

三、企业全面预算目标的确定与分解

（一）预算目标确定与分解的目的

确定预算目标是企业全面预算编制过程中最重要的前置工作，企业全面预算目标应与企业的发展目标一致。企业预算目标的确立，一方面可以引导企业各项活动按预定计划进行，防止出现或及时纠正偏差；另一方面还可以

最大限度地调动企业员工的积极性，提高企业的经济效益。

1. 保证企业战略目标的实现

战略目标可以作为预算编制的指导目标，通过预算目标的下达，指标化、数字化地明确表达了战略目标，实际为各级责任主体的预算编制指明了方向。企业年度预算目标按一定的预算周期分解到各级责任主体，构成了各级责任主体的预算目标责任书，该责任书将作为标准来衡量各级责任主体所编制的预算，保证企业战略在各责任单位（部门）得到贯彻与实施。

2. 为预算编制提供前提和基础

预算编制过程中，通过对所编制的预算进行分析，特别是对预算目标模拟达成的情况进行分析，可以评价不同责任单位（部门）战略的合理性与所编制预算的合理性。在预算的审核、平衡过程中，一般会将总体战略和总体预算目标作为平衡点，通过调整相关责任单位（部门）的战略和预算，使所编制的预算满足总体战略和预算目标的要求。

3. 为预算控制及考核提供依据

预算目标的确定与分解可以确保各级责任单位（部门）的所有经营活动均在量化的预算指标体系下运作，增强企业整体的控制与考核的可操作性。在预算执行过程中，通过对预算的实际执行情况进行分析，可以进行预算目标达成情况差异分析。通过差异分析，可以随时发现执行过程中的问题，并通过对问题的分析，及时进行预算的调整。

（二）预算目标确定与分解的原则

企业整体预算目标、分（子）公司预算目标以及部门预算目标等构成一个整体的预算目标体系。在确定企业的预算目标之后，还需要根据企业的实际情况将预算目标分解到每个阶段、每个部门，从而有利于企业整体预算目标的实现。无论是制定企业的预算目标还是将其分解，都应遵循一定的原则。

1. 预算目标的确定应遵循的原则

企业全面预算目标作为企业战略目标在特定预算期内的具体体现，应适应企业长远战略目标的要求，而预算目标要通过预算的编制来体现，通过预算的执行和监督来落实。企业预算的目标必须从企业自身情况和市场经济环境，以及对于未来发展趋势的预测来综合考虑制定，一旦确定，应在一定时期内保持稳定。在实际工作中，企业预算目标的确定主要遵循下列原则：先进性与可行性兼顾的原则、整体规划与具体计划相结合的原则、外部市场与企业内部条件相结合的原则。

2. 预算目标的分解应遵循的原则

在企业预算目标的分解中应当牢牢把握以下原则：

整体一致性原则、长期利益与短期利益相协调的原则、先进性与可操作性相结合的原则、效率与公平兼顾的原则、充分挖掘盈利潜力的原则。

（三）确定预算目标的步骤

1. 建立预算指标体系

预算指标是全面预算的载体，建立逻辑严谨、相互联系、互为补充的预算指标体系，可以综合反映预算总目标的要求。由于企业各个层级、各个责任部门的职责分工不同，所承担的预算指标体系内容也不同，因此，企业需要根据具体的预算主体，设计建立不同的预算指标体系。

2. 测算并确定预算目标数值

预算目标是企业战略规划和经营目标的体现。按照现代企业的制度要求，任何预算目标数值的确定，都是公司股东、董事会、经营者等不同利益团体相互协调和博弈的过程。

3. 对预算目标进行细化分解

预算目标的细化分解，是一个由上到下、由下到上反复沟通、协商的过程。当预算总目标确定以后，就要将其在企业各个层级和各个部门中进行分解，使之成为各责任单位（部门）预算期内的预算目标，并以此约束各责任主体的行为，确保企业战略规划和经营目标的实现。

实际中，预算目标的分解是比较难确定的，因为预算目标的实现与否会直接影响员工的绩效。预算目标定得较低，员工会愿意接受，但预算的松弛程度会提高，预算的约束力较差；预算目标定得较高，员工会放弃努力，预算完成的可能性会受到影响。因此，预算目标的分解只有在等于或略高于员工的能力时，才会被员工接受并愿意执行。解决预算目标差异的良好方法就是用企业文化的传递加强高层与基层员工的沟通。日本丰田公司的一种做法就是将产品的用量标准和产品制造的工时标准交给工人自己制定，充分信任员工的责任心和使命感，从而带来了预算目标的顺利实现。

实质上，在信息不对称的条件下，由于员工比上级能更清楚地了解影响预算目标实现的环境因素，员工客观上存在压低预算目标的主观愿望。因此，可以利用沟通的方法，了解下属员工的工作能力，经过充分的信息沟通和协商来实现预算目标的确定与分解。

四、企业全面预算编制大纲

预算编制大纲是编制年度预算的纲领性文件。在正式编制预算之前，企业首先要对下一年度的市场情况、生产经营情况进行广泛的调查研究，尤其要对企业的销售、生产、采购、设备和资源的平衡配置情况进行深入分析，对投资项目支出以及项目投产后给企业的生产经营造成的影响进行全面预测。在充分掌握下一年度的生产经营环境、条件后，公司董事会提出下一年度的经营目标草案，然后由公司预算管理部门或财务部门编写一份预算编制大纲（或称预算编制手册），经公司预算管理委员会审批后，下发至各个预算编制单位（部门），用以指导和规范预算编制工作。

实务中，公司应召开专门的预算会议向各责任单位（部门）负责人布置下一年度的预算编制任务，并下发预算编制大纲。预算管理办公室应对各责任单位（部门）负责人和预算编制人员进行有关预算编制的业务培训，让各单位（部门）负责人和预算编制人员在接受业务培训和阅读理解预算编制大纲的基础上，按照责任分工，根据预算编制大纲和具体预算项目的特点、要求编制各项预算，并及时将编制完成的预算草案上报预算管理办公室。

预算编制大纲一般由总纲、预算编制的组织领导、预算目标及预算指标草案、预算范围与内容、预算编制原则、预算表的填写说明、预算编制要求、预算编制时间安排、附件等部分组成。

第四节 企业全面预算的具体编制

一个完整的企业全面预算一般包括业务预算、专项预算和财务预算三个组成部分。

一、业务预算

业务预算也称为营业预算、经营预算，是指企业在预算期内对日常发生的基本业务活动的预算，主要包括销售预算、生产预算、直接材料预算、直接人工预算、制造费用预算、产品成本预算、销售及管理费用预算等。

（一）销售预算

销售预算是在销售预测完成之后进行的，销售目标被分解为多个层次的子目标。企业如果忽视对市场的调研与预测，对市场变化反应迟钝，就会使整个预算指标体系难以与市场衔接，缺乏对市场的应变能力和弹性，因此，企业要充分认识到销售预算的重要性。

本书前面介绍过各种预算编制起点的确定，通常"以销定产"的企业，全面预算的编制一般是从销售预算开始的。销售预算不仅是编制全面预算的基础，也是编制全面预算的关键，生产预算、采购预算、存货预算、产品成本预算等其他预算都要以销售预算为依据。本节以销售预算为起点来进行介绍。销售预算一般由销售部门负责编制。

预计销售收入是编制预计利润表中收入的依据，期初应收账款和期末应收账款是预计资产负债表的数据来源，现金收入合计是现金预算表中现金流入量的数据来源。

（二）生产预算

生产预算是在销售预算的基础上编制的，用来安排预算期内的产品生产，主要包括预计期初存货量、预计生产量、预计销售量及预计期末存货量。

生产预算一般由生产部门根据销售部门提供的销量预算，按照产品的生产周期组织平衡生产能力和安排生产，分品牌、分品种、分规格、分车间编制产量预算。通常企业的生产和销售不能做到"同步同量"，需要保留一定的产成品存货，以保证能在发生意外需求时按时供货，并可均衡生产，节省赶工的额外支出。因此，期末产成品存货数量通常按下期销售量的一定百分比确定。

（三）直接材料预算

直接材料预算也称为直接材料采购预算，是用来确定预算期内材料的采购数量和采购成本的，以生产预算为基础编制，主要包括产品的预计生产量、单位产品材料耗用量、期初及期末材料存量、材料单位价格和当期支付的材料购货款等。

直接材料预算一般由采购部牵头，仓储部、生产部和生产车间配合进行编制。预计生产量的数据来源于生产预算；单位产品材料耗用量的数据来自标准成本资料或消耗定额资料；原材料存量取决于企业的存货政策，通常根据所用的存货控制模型确定；预计材料单价是指该材料的平均价格，通常可从采购部门获得。此外，还应包括材料方面预期的现金支出的计算，包括上期采购的材料将于本期支付的现金和本期采购的材料中应由本期支付的现金。

预计材料期初库存量和期末库存量是预计资产负债表的数据来源，现金支出合计是现金预算表中现金流出量的数据来源，单位产品材料耗用量和单价是单位产品成本预算表和期末存货成本预算表的数据来源。

（四）直接人工预算

直接人工预算也是以生产预算为基础编制的，根据生产量确定进行生产所需的直接人工小时以及相应的成本，主要包括预计生产量、单位产品工时、人工总工时、每小时人工成本和人工总成本。

直接人工预算一般由生产车间负责编制。预计生产量数据来自生产预算；单位产品工时和每小时人工成本数据来自标准成本资料，通常从生产管理部门和工程技术部门获得。

预计直接人工的总额直接计入现金预算表，单位产品工时和每小时人工成本是单位产品成本预算表的数据来源。

（五）制造费用预算

制造费用预算包括变动性制造费用预算和固定性制造费用预算。变动性制造费用通常包括间接材料、间接人工等，是以生产预算为基础来编制的。如果有完善的标准成本资料，用单位产品的标准成本与产量相乘即可得到相应的预算金额；如果没有标准成本资料，就需要逐项预计计划产量需要的各项制造费用。固定性制造费用通常包括厂房和机器设备的折旧、租金及车间的管理费用等，与本期产量无关，按每季度实际需要的支付额预计，然后求出全年数。

制造费用预算的编制内容应有详细说明，企业不同，相应预算表的项目也不一样。制造费用预算一般由生产车间负责编制，其中折旧费等不可控的费用由财务部门负责编制。由于制造费用大部分需要用现金支付，所以在编制制造费用预算时也要编制现金支出的内容。但制造费用中的一些项目不需要用现金支付，如固定资产折旧费，所以在编制现金支出预算时应将折旧费扣除。

（六）产品成本预算

产品成本预算是根据销售预算、生产预算、直接材料预算、直接人工预算、制造费用预算编制的，其主要内容是产品的单位成本和总成本。产品成本预算是编制财务预算中预计利润表和预计资产负债表的基础。

产品成本预算一般归生产部门编制，并由企业财务部门负责所有产品成本的预算汇总，不同行业的产品成本预算表的结构略有不同。单位产品成本的有关数据来自直接材料预算、直接人工预算和制造费用预算；生产量和期末存货量来自生产预算；销售量来自销售预算。

期末存货成本是预计资产负债表的数据来源，销货成本是预计利润表的数据来源。

（七）销售及管理费用预算

销售费用预算，是指为了实现销售预算所需支付的费用预算，它以销售预算为基础，分析销售收入、销售利润和销售费用的关系，力求实现销售费用的最有效使用。在安排销售费用时，要利用本量利分析方法，保证费用的支出能获取更多的收益；在草拟销售费用预算时，要对过去的销售费用进行分析，考察过去销售费用支出的必要性和结果；销售费用预算应和销售预算相匹配，应有按品种、按地区、按用途的具体预算数额。

管理费用是搞好一般管理业务所必要的费用，随着企业规模的扩大，一般管理职能日益重要，其费用也会增加。在编制管理费用预算时，企业要分析其业务成绩和一般经济状况，务必做到费用合理化。管理费用多属于固定成本，所以一般是以过去的实际开支为基础，按预算期内可预见的变化来调整。重要的是，企业必须充分考察每种费用是否必要，以便提高费用的使用效率。按照费用的可调性，管理费用可以分为约束性管理费用和酌量性管理费用。约束性管理费用预算的客观因素较多，受有关基数、政策和标准的制约，基本没有弹性，一般可采用固定预算法编制预算；酌量性管理费用的主观因素较多，应重点控制，一般可根据基期管理费用预计水平和预期内的变化因素，结合费用开支标准和企业降低费用的要求，采用零基预算法或增量预算法编制预算。

销售费用预算是对预算期内企业销售活动所需各项费用的总体安排，由销售部门负责编制，财务部门予以协助；管理费用预算是对预算期内企业组织和管理生产经营活动所需各项费用的总体安排，由各职能部门负责编制，财务部门或综合管理部门负责汇总，并编制管理费用总预算。

销售费用、管理费用也有固定性和变动性之分。对于变动费用可以根据业务量在各季度之间分配，固定费用则可以在四个季度平均分配或列入实际支付的季度，混合成本应在分解为变动费用和固定费用后分别列入预算的变动部分和固定部分。编制相关的现金支出预算时需要扣除固定性销售及管理费用中非付现的项目（如折旧、摊销）。

二、专项预算

专项预算是指针对企业不经常发生的资本支出项目或一次性专门业务所编制的预算。专项预算大体上可以分为资本支出预算和一次性专门业务预算两类。

（一）资本支出预算

资本支出预算是企业长期投资计划的反映，是为资本性投资活动服务的，具体反映企业在何时进行投资、投多少资、用什么方式取得收益、何时可获得收益、每年的现金净流量为多少、需要多少时间收回全部投资等。

企业的资本性投资活动分为内部投资和外部投资。内部投资是指企业用于固定资产的购置、扩建、改建、更新、改造等方面的投资和无形资产方面的投资；外部投资是指企业用于股权、收购、兼并、联营投资及债券等方面的投资。

因此，专项预算是指对企业不经常发生的长期投资决策项目或筹资项目所编制的预算，主要包括固定资产投资预算、无形资产投资预算、权益性资本投资预算、债券投资预算、投资收益预算等。

第一，固定资产投资预算是预算期内企业为购置、改建、扩建、更新固定资产而进行资本投资的预算，主要根据企业有关投资决策资料和预算期固定资产投资计划编制。

第二，无形资产投资预算是预算期内企业为取得专利权、非专利技术、商标权、著作权、土地使用权等无形资产而进行资本投资的预算，主要根据预算期无形资产投资计划编制。

第三，权益性资本投资预算是预算期内企业为了获得其他企业的股权及收益分配权而进行资本投资的预算，主要根据企业有关投资决策资料和预算期权益性资本投资计划编制。

第四，债券投资预算是预算期内企业购买国债、企业债券、金融债券等的预算，主要根据企业有关投资决策资料和证券市场行情编制。

第五，投资收益预算是预算期内企业对外投资所取得的利润、股利、债券利息及投资损失的预算，主要根据投资企业有关利润分配计划、股利分配计划和有关债券的面值及利息率编制。

（二）一次性专门业务预算

企业为了满足正常的业务经营和资本支出需要，同时也为了提高资金的使用效果，往往对现金制定出最低和最高限额。现金过低，容易发生债务到期不能清偿而影响企业信誉的情况。财务部门在日常理财活动中会发生以下一次性专门业务：

第一，筹措资金。若预计现金低于最低限额，出现资金短缺情况，则应及时设法筹措资金。筹措资金的手段一般包括：向银行借款、发行股票或债券、出售企业本身拥有的证券等。

第二，投放资金。若预计现金高于最高限额，出现资金多余情况，则应及时设法投放和运用资金。其途径一般包括：买进或回收本公司发行的股票、归还银行借款和债券本息等。

第三，企业根据董事会决定在计划期发放股息、红利，及根据税法规定在计划期缴纳所得税等，也属于一次性专门业务。

三、财务预算

财务预算是企业的综合性预算，是指反映企业预算期现金收支、经营成果和财务状况的预算，主要包括现金预算、预计利润表、预计资产负债表。它是以业务预算和专项预算为基础编制而成的。

财务预算由财务部门负责编制。财务部将各预算责任单位或部门的财务预算进行汇总，形成企业总预算目标，可以使企业全面了解预算期的现金收支、经营成果和财务状况，并为企业的经营决策、业绩考评、资源配置等提供依据。

（一）现金预算

现金预算包括现金收支及筹措、运用情况，是反映企业在预算期内一切现金收入和支出，以及二者对抵后的现金余缺数的预算。编制现金预算通常要以业务预算和专项预算为依据。现金预算包括现金收入、现金支出、现金多余或不足、资金的筹集和运用四个部分。

1.现金收入

现金收入包括期初现金余额和预算期现金收入，如现销、应收账款收回、应收票据到期兑现、票据贴现收入、出售长期性资产、收回投资等业务。现金收入主要反映经营性现金收入，产品销售收入是其主要来源。

2. 现金支出

现金支出包括预算期内的各项现金支出，主要包括采购材料、支付工资、支付制造费用、支付销售及管理费用、支付财务费用、偿还应付账款、缴纳税金、购置设备、股利分配等。现金支出主要反映经营性现金支出和资本性现金支出。

3. 现金多余或不足

现金多余或不足具体是指现金收入与现金支出的差额。当现金收入大于现金支出，则是现金多余，多余的现金可以用来归还借款、进行投资；当现金收入小于现金支出，则是现金不足，此时需要筹集资金。

4. 资金的筹集和运用

企业在预算期内根据现金多余或不足的情况，采取措施合理筹集和使用资金，比如根据现金不足的情况，可通过向银行借款、发行短期企业债券来弥补。

需要强调的是，现金预算的编制要按收付实现制来进行。要保证现金预算准确，就必须首先保证业务预算和专项预算准确，并且要注意现金应有一个合理的持有量。

（二）预计利润表

预计利润表是指用货币金额来反映企业在预算期间全部经营活动及其最终财务成果而编制的预算，也称利润预算，是整个预算体系中的重要组成部分。它的格式与实际的利润表相同，只是数据来源于上述各项具体预算，而不是实际利润。

预计利润表是企业全面预算体系的核心，也是编制预计资产负债表的基础。通过编制预计利润表，可以了解企业预期的盈利水平。如果预计出来的利润与最初编制方针中的目标利润有较大的差距，那么就需要调整各单位或部门的预算，设法达到目标，或者经企业领导同意后修改目标利润。

预计利润表中的所得税费用是在对企业利润进行预测分析时估算出来的，并非通过预计利润表中的利润总额与所得税税率计算得出。这是由于该项支出已列入现金预算，并对利息产生影响，而预计利润表又利用了现金预算的有关数据。如果在编制预计利润表时根据利润与所得税税率重新计算所得税，那么就需要根据计算出的新结果修改现金预算，继而影响现金预算中的有关数据，并反过来对预计利润表产生影响，结果又要修改预计利润表，如此一来就会陷入数据的循环修改。

（三）预计资产负债表

预计资产负债表反映企业预算期末预计的财务状况，其内容和格式与实际的资产负债表基本相同，只是预计资产负债表中的期末数为预算数。该表是利用预算期期初资产负债表，根据业务预算、专项预算、现金预算和预计利润表等有关数据加以分析和计算后形成的。

编制预计资产负债表的目的在于判断预算反映的财务状况的稳定性和流动性。如果通过对预计资产负债表的分析，发现某些财务比率不佳，必要时可修改有关预算，以改善财务状况。

第九章 企业全面预算的执行与控制

第一节 企业全面预算的执行

一、企业全面预算执行的前提条件

企业全面预算的规划与编制必定投入相当庞大的人力与时间，但毕竟属于书面作业，如果不能付诸实践，仍属徒劳无功，必将前功尽弃。因此，企业的预算编制好后，在执行过程中必须营造一个有利于预算执行的良好环境，以使企业自上而下都能按照统一的行为规则开展预算活动。这个良好的环境就是预算执行的前提条件。

（一）提高预算的准确性，是预算执行的基础

首先，预算编制与预算执行互为条件，相辅相成。预算编制是预算执行的基础，而预算执行以完备和严谨的预算为前提。编制的预算与实际情况相差甚远，这样的预算没有办法执行，也没有必要执行。因此，企业在编制预算时必须强调预算的准确性，要让预算编制者明白，编制预算是为了执行预算，没有办法执行的预算无异于一张废纸。为了使预算能够得到顺利执行并发挥其应有的效能，必须端正预算编制态度，规范预算编制规程，切实提高预算编制的准确性。

（二）树立预算的权威性，是预算执行的保障

预算编制得再好，未能得到很好的执行也是枉然。预算要想得到认真执行，树立预算的权威性是关键。企业的预算一旦通过审批，就会下发到各执行单位，在企业内部就有了"法律效力"。领导审批生产经营活动要看是否有预算，员工从事生产经营活动要看是否符合预算，财务部门报销费用要看是否超出预算。换句话说，企业中上至董事长、下到基层员工都要严格执行预算，不能违背预算。只有这样，预算的执行才能拥有切实的保障。

（三）健全预算执行机制，是预算执行的关键

建立健全预算执行机制，是预算执行的必要条件。它包括组织机制、核算机制、监控机制和考核奖惩机制四个方面。

1. 建立预算执行的组织机制

企业实施全面预算管理，首要问题是设计预算组织体系。这一组织体系必须体现出企业各层级之间的权力制衡，使决策机构、组织机构、执行机构和控制机构能够发挥各自在预算管理组织中的作用。由于各项具体预算是按照企业内部各个部门不同的职责范围进行编制的，是责任预算，与此相对应，企业必须建立健全各种预算执行的责任中心，使各责任中心对分解的预算指标既能控制，又能承担要完成的责任。因此，按照企业的组织结构合理划分责任中心，建立与预算责任划分相适应的组织架构，是搞好预算执行的组织保证。

2. 建立预算执行的核算机制

企业各责任中心的预算执行过程和结果，需要及时、准确地予以揭示和反映，而传统的财务会计以资金运动作为核算对象，不能满足企业对预算责任进行核算的需要。责任会计通过对各个责任中心的责任核算，不仅可以准确掌握各责任中心的预算执行情况和执行结果，而且有利于企业管理者及时发现、分析和纠正预算执行中的偏差，确保预算目标的实现。因此，实施全面预算管理，必须建立责任会计核算机制，按预算责任部门开展会计核算工作，以满足正确核算各预算责任部门预算执行过程和结果的需要。

3. 建立预算执行的监控机制

预算的执行与监督是紧密联系的，有力的监督是有效执行的重要保证。预算执行是一个动态过程，不确定的因素很多。为了确保预算的有效执行，就必须对各责任中心预算的执行情况进行有效监控，及时调整预算执行中的偏差。因此，企业只有建立健全预算执行的监控机制，才能确保预算的顺利执行。它包括预算信息监控、预算调整监控、预算审计监控等内容。

4. 建立预算执行的考核奖惩机制

如果不对预算执行的过程和结果进行考核和奖惩兑现，那么预算执行就会流于形式。企业在全面预算管理工作中应确立"以人为本"的管理理念，建立有效的考核和奖惩机制，以全面提高预算工作的效率和效果。制定科学、合理的考核和奖惩机制是确保企业预算管理系统长期、有效运行的重要条件。

明确的考核和奖惩机制可以让预算执行者在预算执行之前就明确其业绩与奖惩之间的关系，使个体目标与企业预算整体目标紧密结合，从而自觉地调整和约束自己的行为，努力工作，提高工作效率，全面完成企业预算指标。

二、企业全面预算执行前的准备

企业在完成预算编制之后，就进入预算执行阶段。预算执行得好坏是预算目标实现与否的关键。为了保证所编制的预算能够顺利执行，企业需要在预算执行前进行如下准备工作：

（一）预算目标的分解

年度预算经过审查批准后，为了在实际的生产经营活动中执行得便捷顺利，通常需要进行分解。预算目标的分解至少包括以下两个方面：

1. 时间的分解

企业需要把年度预算目标分解到更具体的时间段，比如，分解为季度、月份乃至旬等，有条件的企业甚至可以分解到更细致的时间段。

2. 内容的分解

企业应将年度总预算按照所涉及的不同内容，分解到各个不同的责任主体或人员。

预算目标经过分解，企业才能在日常的生产经营中随时将实际执行情况与预算标准进行比较，分析差异，从而解决问题。

（二）预算任务的下达

预算经过分解后，就可以将其下达给各个业务部门。通常企业完整的总预算仅分发给企业高层管理人员以及经高层管理人员授权的其他人员。分发给各部门主管和中层管理人员的预算不需要是完整的，但是必须保证与他们的权力和职责相关的预算下达到位。例如，对于一位固定资产管理的主管，不必分送完整的企业预算，但应给予其职责相关的部分，如固定资产采购预算、折旧预算及更新改造计划预算等。一般来说，企业应将各项预算连续编号，并保留分送对象的编号记录。

（三）预算执行的动员与讲解

预算能否成功执行，很大程度上取决于员工是否能充分地了解预算编制的依据、原理，明确自己在预算中的职责和任务。虽然预算编制必须遵循全员参与的原则，但实际上关键步骤都是由管理人员和专业人员完成的，一般员工对于预算并不一定有很全面的认识和很深刻的理解。因此，对于预算的动员与讲解是十分重要的。预算分解下达后，必须以部门为单位召开预算说明会，讲解企业整体预算计划以及本部门的职责和任务，使每个员工都能明确自己的职责。

三、企业全面预算执行的组织

（一）成本中心

成本中心是指只对成本负责的责任中心。这类责任中心大多是指不形成收入、只负责产品生产的生产部门，以及提供劳务的部门和被规定一定费用控制指标的企业管理部门。

成本中心是责任中心中应用最为广泛的一种责任中心形式。只要有费用支出的地方，就可以建立成本中心，上至企业，下至车间、工段、班组，甚至个人都可以划分为成本中心。第一，成本中心往往是没有收入的，例如，一个生产车间，它的产成品或半成品并不由自己出售，没有销售职能，没有货币收入。第二，有的成本中心可能有少量收入，但不成为其主要的考核内容，例如，生产车间可能会取得少量外协加工收入，但这不是它的主要职能，也不是考核车间的主要内容。第三，一个成本中心可以由若干个更小的成本中心组成，例如，一个分厂是成本中心，它由几个车间组成，而每个车间还可以划分为若干个工段，这些工段便是更小的成本中心。任何发生成本的责任领域都可以确定为成本中心，大的成本中心可能是一个分公司，小的成本中心可能是一台卡车和两个司机组成的单位。成本中心的职能是用一定的成本去完成规定的具体任务。

成本中心有两种类型：一种是标准成本中心，是指有明确具体的产品，并且对生产产品所需的各种要素的投入量能够合理预计的成本中心。通常，标准成本中心的典型代表是制造业工厂、车间、工段、班组等。在生产制造活动中，每个产品都可以有明确的原材料、人工和制造费用的数量标准和价格标准。另一种是费用中心，适用于那些产出物不能用财务指标来衡量，或者投入和产出之间没有密切关系的单位。这些单位包括一般行政管理部门，如财务、人事等；研究开发部门，如设备改造、新产品研制等；某些销售部门，如广告、宣传、仓储等。一般行政管理部门的产出难以度量，研究开发和销售活动的投入量与产出量之间没有密切的联系。对于费用中心，唯一可以准确计量的是实际费用，无法通过投入和产出的比较来评价其效果和效率，只能限制无效费用的支出，因此，有人将其称为"无限制的费用中心"。

（二）利润中心

一个责任中心，如果能同时控制生产和销售，既要对成本负责，又要对收入负责，但没有责任或没有权力决定该中心资产投资的水平，因而可以根据其利润的多少来评价该中心的业绩，那么，该中心就称为利润中心。

利润中心同时具有生产和销售的职能，有独立的、经常性的收入来源，可以决定生产什么产品、生产多少、生产资源在不同产品之间如何分配，并自行决定销售策略。相比成本中心，利润中心通常在经济上具有较强的独立性，负责人对生产经营有较大的自主权。

利润中心有两种类型：一种是自然的利润中心，它直接向公司外部出售产品，在市场上开展购销业务。例如，某些公司采用事业部制，每个事业部均有销售、生产、采购的职能，有很大的独立性，这些事业部就是自然的利润中心。另一种是人为的利润中心，它主要在公司内部按照内部转移价格出售产品。例如，大型钢铁公司分成采矿、炼铁、炼钢、轧钢等几个部门，这些生产部门的产品主要在公司内部转移，它们只有少量的对外销售，或全部对外销售由专门的销售机构完成，这些生产部门便可视为利润中心，并称为人为的利润中心。

（三）投资中心

投资中心是指某些分散经营的单位或部门，其经理所拥有的自主权不仅包括制定价格、确定产品和生产方法等短期经营决策权，而且还包括投资规模和投资类型等投资决策权。投资中心的经理不仅能控制除公司分摊管理费用外的全部成本和收入，而且能控制占用的资产，因此，不仅要衡量其利润，而且要衡量其资产，并把利润与其所占用的资产联系起来。

投资中心是既要对成本、利润负责，又要对投资效果负责的责任中心。它是比利润中心具有更高层次的责任中心，相当于一个独立核算的企业。投资中心与利润中心的主要区别是：利润中心没有投资决策权，需要在企业确定投资方向后组织具体的经营；而投资中心则具有投资决策权，能够相对独立地运用其所掌握的资金，有权购置和处理固定资产，扩大或削减生产能力。一般整个企业本身就可以作为一个投资中心或者由几个利润中心构成的投资中心，既有成本中心和利润中心拥有的所有决策权，还对其进行的投资享有决策权。

四、企业全面预算执行的权责安排

正确的授权才能创造工作绩效。由于责任中心掌握了相当大的自主权，所以责任中心内部是否进行了正确的授权就十分关键。未能合理授权的责任中心实质上就变成了职能部门，不利于调动全员的积极性。为了提高管理效率，实行预算管理的企业大多会将预算管理与授权制度进行整合和融合，使其成为一体化的预算授权管理制度。也就是说，将授权规则与预算管理权限进行重新梳理，以明确预算内审批权和预算外审批权两者的权力边界。

预算内审批权本质上是一种预算执行权。预算内审批权是指企业内部各预算责任单位及其责任人，在其既定的管理边界内根据既定的预算、计划、制度标准等，充分行使各项经营事项的决策权和执行权，如费用开支、预算内的资本支出计划等。

预算外审批权本质上是一种预算决策权。预算外审批权是指在既定的管理边界、预算范围和权限以外的决策和管理事项，需要由更上一级的管理者行使决策控制的权限。在管理学中，人们通常将这些决策管理事项称之为"例外事项"。这些例外事项是针对既定的组织边界和管理权限而言的（对总部决策者而言没有任何例外事项，拥有终极决策控制权），往往是个别的、特殊的，没有既定的预算、计划等标准作为依据，需要根据具体情况进行分析和决策。例如，改变经营方向的"战略性投资"、没有被授权的商品降价销售等。

第二节 企业全面预算的控制

预算控制指的是根据预算规定的收入与支出标准，检查和监督各部门活动，以保证组织经营目标的实现，并使费用支出受到严格有效的约束的过程。预算控制以预算编制为基础，执行和控制企业经营活动并在活动过程中比较预算和实际的差距，然后对差异进行处理，是管理控制中运用最广泛的一种控制方法。它涵盖了预测、试算、平衡、执行、调整、分析、评价、奖惩等环节。

一、企业全面预算控制的主体

企业预算控制的主体是实施预算控制的机构或个人，是预算执行者之间的自我控制和相互控制的结合。预算控制主体一般分为五个层次，自下而上分别为基层员工、责任中心、财务部门、预算委员会（董事会）和出资者。

（一）基层员工

基层员工是企业开展各种业务活动的基础，是预算控制的第一道"闸门"，也是最小的控制责任单元。员工的基本素质包括归属感、忠诚度、职业道德、控制意识及技能等，是实施第一层控制的基础，建立员工控制责任机制是预算控制的重要保证。

（二）责任中心

企业的责任中心一般分为成本中心、利润中心及投资中心，是承载企业预算目标的主体，也是预算控制的直接责任人。责任中心的主要任务是通过实施各种控制手段，保证责任目标的实现。

（三）财务部门

财务部门是预算控制中心和预算信息处理中心，负有主要的预算控制责任。财务部门的主要任务是构建预算控制关键点体系和建立信息快速沟通机制，确保预算责任执行到位。

（四）预算委员会（董事会）

预算委员会是企业预算管理的最高机构，是预算控制的指挥官，负责预算的调控、决策及仲裁，为企业预算目标严肃、一贯地执行保驾护航。

（五）出资者

现代企业产权关系的主要特征是所有权和经营权分离，经营者取代出资者控制企业的经营管理权。委托代理理论认为，出资者将其所拥有的资产根据预先达成的协议委托给经营者经营，所有权仍归出资者所有，出资人按出资额享有剩余索取权和剩余控制权。经营者在委托人授权的范围内，按企业法人制度的规则对企业财产等行使占有、支配和处置的权力。因此，预算控制的主体除了以上参与企业生产经营活动的经营者外，还有出资者。

出资者预算控制是出资者为了实现其资本保全和资本增值、提高资本收益率而进行的预算控制。其控制方式主要有以下五种：

一是通过股东大会审议通过预算方案的方式，实现对企业生产经营活动的事前控制；二是通过以股东为主体组成的公司董事会，对企业的生产经营活动实行决策控制；三是通过在企业实行监控型财务总监制，实现对企业生产经营活动的预算控制，很多母公司以出资者的身份向子公司委派财务总监，就是实施出资者预算控制的具体形式；四是通过出资者代表组成的监事会，实现对企业生产经营活动的日常监控；五是通过审议经营者年终决算报告的形式，实现对企业生产经营活动的事后控制。

总之，企业预算控制必须构建以上五个层次的控制主体，各尽其责、各司其职，又必须相互监督、相互控制，才能发挥最大的控制效能。

二、企业全面预算控制的具体内容

企业全面预算控制的内容就是预算编制产生的各级各类预算，即业务预算、资本支出预算和财务预算。控制的具体内容包括以下几方面：

一是预算是否落实。各部门是否采取了相应的落实措施，责任预算与总预算是否协调，是否有擅自改变预算的行为。二是预算执行是否全面。全面核查责任单位的各项经济活动，判断其是否全面完成了预算任务。三是预算执行是否均衡。企业各部门应合理安排采购、生产和销售的进度，均衡地完成预算的各项要求，按月分析预算执行实绩与平均完成程度的偏离系数，判断各部门执行预算的均衡情况。

（一）业务预算控制

1. 销售预算控制

销售预算控制的目的是为了保证责任单位全面完成甚至超额完成销售预算目标，所以控制目标应该集中于销售价格和销售量，监督二者在预算期间的变化。

销售预算控制的要点有：第一，在时间周期上对销售预算应控制到最小的预算周期，监控人员应关注每一个最小预算期间预算的执行情况；第二，将销售预算涉及的地区划分为若干部分，每部分由专人负责，如分区销售经理；第三，建立销售预算完成计划时间进度表，随时检验预算完成情况；第四，建立有效的预算评估程序，对每一阶段的预算执行情况进行评价。

对于销售预算执行好的应及时激励，无论是精神激励还是物质激励都是必须和必要的；对于销售预算执行差的应及时鞭策，给予必要的警告和处罚。从不少企业的实际操作经验来看，定期进行销售预算执行情况公示对于激励先进和鞭策落后都是很好的方法，而且成本很低，能起到事半功倍的效果。

另外，在销售预算中还涉及产品期初、期末的存货。销售量的波动由于受各种环境因素的影响比较频繁，为了生产的稳定，对存货的预算也应该进行控制，使存货数量处在最低安全存量和最高存量之间。

2. 生产预算控制

（1）产量预算控制

产量预算控制会受到销售预算和存货预算控制结果的影响。一般来说，产量预算控制的指导原则应包括以下几点：一是决定每项或每类产品的标准存货周转率；二是利用每项或每类产品的标准存货周转率和销售预测值来决定存货数量的增减；三是预算期内的生产数量等于销售预算加减存货增减的数量；四是依据产量预算，与有关部门协商后发出制造指令，进行实际的生产活动，并对生产进度与数量加以控制。总之，产量预算的控制必须符合管理控制的政策，使生产稳定，并将存货数量保持在最低安全存量以上和管理决策所决定的最高存量以下。

（2）直接材料预算控制

直接材料预算控制的基本目的有两个：一是关于直接材料存货的，通过预算控制使相关人员能够在最适当的时候发出订单，以适当的价格和质量获得适当数量的直接材料；二是关于直接材料消耗的，通过控制使材料消耗符合预算标准，将损失控制在确定的范围之内。

有效的直接材料存货控制必须做到以下几点：第一，及时供应生产所需的材料，保证生产的连续性；第二，在供应短缺时（季节性等因素造成），设法提供充足的材料；第三，以最少的处理时间和成本储存材料，并避免火灾、盗窃等意外情况以及减少自然消耗；第四，系统地报告材料状况，使过期、过剩、陈旧的材料项目降到最低程度；第五，对于生产过程中残废料的产生也要加强控制。这些要求可以通过定期汇报、定期检查、限定材料存货最低、最高量等手段来实现。

（3）直接人工预算控制

直接人工预算控制的有效性取决于各级主管人员的持续监督和观察，以及主管人员与员工的接触。直接人工预算中最重要的环节是单位产品人工工时标准的确定，因为单位工时人工工资的标准已经在年度工资方案中确定，变动的可能性很小。另外，工作流程的规划以及物料、设备等的布置安排也会对直接人工总成本产生影响，必须加以注意。

（4）制造费用预算控制

对制造费用的控制分为两部分：一部分是跟产量有关的费用，即变动性制造费用，比如机、物、料的消耗、维修费等，对这部分费用的控制主要还是靠定额进行控制，可以参照直接材料和直接人工的预算控制。另一部分是固定性的制造费用，比如分摊的折旧费，由负责计算分摊这些费用的部门实施控制，主要是从额度上控制费用总额和分配给相应受益部门的份额，接受这些间接费用的部门则无须承担控制责任。

3.材料采购预算控制

材料采购预算应从单价、数量和质量三个方面控制。采购单价应控制在预算范围之内，若超过控制的幅度必须作为例外管理事项上报，单独审批；采购的数量则可以根据弹性预算的变动来控制；采购的质量是采购预算控制的底线，实际控制中若出现不符合质量要求的采购项目则不允许验收入库和支付相应款项。

4.费用预算控制

对于费用应首先将其划分为固定费用与变动费用。固定费用预算控制的时候以总额控制为主，实行封顶控制，即不得超支；变动费用预算则按与业务量挂钩的比例来进行控制，业务量增加时相应的费用也增加，业务量下降则相应的费用也下降。

（二）资本支出预算控制

对资本支出预算，企业不能仅仅考虑压缩支出，还应该考虑战略成本，如技术开发的成本、开发市场的成本、扩大生产的成本、提高质量的成本等，这些成本着重的是企业的长远利益而非短期利益。技术研发可以使企业获得技术上的领先地位；开发市场可以使企业扩大市场占有率；扩大生产可以使企业的生产能力提高从而获得规模效益；提高质量有利于企业品牌的创建。因此，资本支出预算控制应根据实际情况的变化，随时调整支出项目与支出额，使资产的取得、维护、升值等能够顺利进行。一旦发生无法预计和解决的问题，应依据谨慎性原则，及时停止资本支出项目，最大限度地减少损失。

资本支出预算的控制分为三个阶段。

第一阶段是正式授权进行特定资本项目的计划，主要的资本支出计划需要最高管理层批准，批准的形式可以是正式或非正式的通知。相应地，对重要程度递减的资本支出计划，由相应级别的管理部门授权即可。第二阶段是资本支出项目进行中的支出控制。一旦资本支出项目经过批准并开始实施，应立即设立专门档案记录发生的成本、费用支出，并根据责任范围编制工作进度作为补充资料。每个资本支出项目的进展情况报告都应该定期呈报给相应的管理机构。重要的资本项目则需要将报告呈送企业最高管理层审核。第三阶段是资本项目完成后的记录归档，项目完成后，相关的档案资料也应记录完毕，实际情况、预算情况以及两者的对比、分析和解决措施、项目的验收和试运行情况等都要包括在内，这些档案资料经相应的管理机构核准后方可归档。

经过以上阶段，对资本支出预算的控制已经基本完成，但如果是重大的资本支出项目，还应遵循重要性原则进行跟踪观察和定期研究，以确定该项目是否达到了当初预期的效果。这样的考察是十分必要的，既可以对原分析的适当性提供良好的测验，还可以为将来的经营决策提供有价值的参考资料。

（三）财务预算控制

财务预算控制的对象是现金预算。通过对前面各项预算的控制，预计利润表和预计资产负债表已经得到了较好的保证，但还需要对现金进行专门的管理控制。良好的现金控制制度是非常重要的，因为现金的多余和不足，特别是现金不足给企业带来的潜在影响是很难估计的。

实际现金收支与预算收支的差异是一定存在的，发生差异的原因可能有现金影响因素的变化、突然及意想不到的情况对生产经营的影响、现金控制不力等。管理层为了缩小差异，避免出现现金不足，可以采取下面的方法：加强应收账款的催收力度；减少付现费用；延迟资本支出；推迟待付的款项；在不影响生产经营的基础上减少存货数量。

具体来说，现金控制的方法有以下两种：

第一，对现金及未来可能的现金状况做出适当和持续的评价，这个方法涉及定期（每月）评估及报告所发生的实际现金流动情况，同时对下一期可能发生的现金流量进行预测。第二，保存每日（或更长时间间隔）的现金情况资料。为减少利息成本，确保充足的现金，有条件的企业可以对现有现金状况进行每日评估。这种方法特别适用于现金需要波动幅度较大，以及分支机构分散而有庞大现金流的企业。实际上，不少企业都编制有"现金收支日报表"，以方便控制现金量。

第三节 企业全面预算的调整与追加

企业全面预算的执行以刚性为主要特征，没有刚性约束，任何管理行为都不会达到预期效果。但是，预算刚性并不等于预算管理的固化。企业外部经营环境的不可控制性必然要求预算管理保持适度弹性，从而产生预算执行过程中的预算调整行为。预算调整是指当企业内外环境发生变化，预算出现较大偏差，甚至发生重大变化导致预算无法执行，原有预算不再适宜时，对原有预算进行的修订。

一、企业全面预算的调整

（一）预算调整的条件

为了防止在实际执行中一些责任单位故意假借变化之名随意调整预算，使预算管理缺乏应有的严肃性等情况的出现，对于企业正式下达执行的预算，一般不予调整，只有出现特殊情况后方可调整。这里所说的特殊情况包括以下几方面：

第一，国家有关法规或宏观经济政策发生重大变化，使原来编制预算的假设和前提不成立，或者将使预算执行结果产生重大偏差。

第二，企业调整发展战略，股东大会、董事会或总经理办公会决定调整经营计划，涉及有关预算调整的。

第三，客观环境发生重大变化，如市场环境、经营条件、行业发展等方面发生变化，年初制定的销售预算明显不准确，或者是销售订单与原预算产生一定偏差时。

第四，企业有改制、重组、合并、并购等情况发生，或者企业内部条件如机构、部门、人员发生重大变化。

第五，出现其他严重影响原预算执行的情况，但必须由预算管理办公室提出并经预算管理委员会同意进行调整。

尽管企业的预算在一定条件下可以调整，但各预算责任单位的年度关键考核指标原则上不予调整，否则会影响考核目标的严肃性及其实现程度，从而影响企业整体经营目标的实现。

（二）预算调整的周期

企业调整预算有两种方式。

第一种是随时调整。在这种方式下，只要出现了满足预算调整的事项就按程序随时调整。这种调整预算的方式比较灵活，时效性强，但工作量大，预算的执行、监控和审批等单位随时都需要判断预算是否需要调整，由此会增加相关工作的频率。第二种方式是定期调整（也称滚动调整），在这种方式下，企业只需要定期判断预算是否满足调整的条件，如果出现了满足调整条件的事项则按程序进行调整。

（三）预算调整的程序

预算调整必须履行一定的程序。一般情况下，预算调整需要经过申请、审议、批准三个主要程序。

1. 预算调整的申请

如果需要调整预算，首先应由预算执行人或编制人员提出申请，调整申请应说明调整的理由、调整的初步方案、调整前后的预算指标对比、调整后可能对企业预算总目标的影响以及调整后预算的负责人与执行人等情况。

2. 预算调整的审议

在申请报告送达预算管理委员会之前，应先提交至预算执行单位的上一级主管机构进行审核。对于确实需要修改的项目，在报告中应加注自己的意见并签名。这一申请报告应根据企业规模和员工级别逐级向上传递，直到预算管理的最高机构——预算管理委员会。

预算管理委员会接到预算调整申请后即进入调整审议程序。审议时应注意与预算审议人、预算单位及时交换意见，最终提出审议意见。审议意见应说明审议的参与人和审议过程，包括对申请同意、反对或补充修改的内容。

3. 预算调整的批准和后续跟踪

批准预算调整的权力机构是预算管理委员会。预算管理委员会根据预算调整事项的性质，按照权限批准预算调整事项，下发给预算单位执行。需要说明的是，若出现超过预算管理委员会授权范围的预算调整，还应报企业董事会或股东会审批。

调整之后，通过对预算进展情况的跟踪，可以发现调整的效果如何，并可作为业绩评价和今后预算执行的一个重要参考。

二、企业全面预算的追加

（一）预算追加概述

预算调整一般是由于预算编制的前提发生变化，使得预算指标必须进行修正。与预算调整不同，预算追加通常是由于企业经营规模扩大导致业务量增加或出现新的业务而年度预算未予以考虑，不得不对已有的预算指标进行追加或新增预算项目和指标。

各企业根据经营管理发展的需要，可以追加销售、采购、利润、资本等重大项目的预算。企业除总体项目预算需要追加外，各部门在预算执行过程中，由于新的经济业务的内容不在原预算之内或在预算之内但其实际金额超过了原预算金额，也需要申请追加补充，主要是费用预算、资金预算等。

对重大项目预算的追加，必须召开由企业总经理主持的预算调整会议，认真讨论项目的可行性研究报告、市场形势分析报告，确定追加项目的预算额度，并形成书面决议，由企业的预算管理办公室编制新的追加预算。

部门预算的追加，一般情况是各部门在执行预算过程中由于工作的需要，准备增加小额资产和经费等，应由部门负责人以签呈的形式向所属企业的财务部门提出，经总经理同意后上报预算管理委员会。签呈要详细说明追加的理由，同时填写"预算追加申请表"进行逐级审批。

（二）预算追加的程序

预算追加的程序与预算调整大致相同，也要遵循逐级审批、统一受理的原则。

1. 预算追加的申请

预算追加申请单位在根据当月实际业务量分析后，发现需要进行预算追加时，要填写预算追加申请表，详细说明申请追加的事由和额度，并提供相关支持性附件，上交至预算管理委员会进行审批。

2. 预算追加的审批

预算管理委员会接到申请后，要提请申请部门的上级部门进行审核，同时展开全面调查，评估预算追加的必要性，提出意见和建议。

3. 预算追加的批准

预算管理委员会根据申请部门的上级部门的审核意见，结合自身调查情况，对追加申请进行审批。批准后，由预算管理委员会下达追加通知，通知相关部门执行。

（三）预算追加的注意事项

预算追加是保证企业预算灵活性、使预算目标能更好地服务企业生产经营需要的重要环节。同样，如果预算追加没有得到很好的控制，可能会使企业预算制度的严谨性、权威性受到损害。因此，企业在预算追加环节需要注意的事项包括以下几点：

1. 预算追加的权限应该根据追加金额分级授予

分级标准可以按比例或按固定金额。按比例分级是指以追加金额占预算指标的比例来分级。例如，追加申请金额占预算指标 5% 以下的由预算管理委员会审批通过后即可执行；追加申请金额占预算指标 5% ~ 20% 的要由预算管理委员会、财务总监、总经理共同审批通过方可执行；追加申请金额占预算指标 20% 以上的要由预算管理委员会、财务总监、总经理、董事长共同审批通过才能执行。按固定金额分级是指以固定的金额范围来对审批权限进行分级。例如，追加申请金额在 5 万元以下的只需要由预算管理委员会批准；追加申请金额在 5 万 ~ 50 万元的需由预算管理委员会、财务总监、总经理批准；而追加申请金额在 50 万元以上的需由预算管理委员会、财务总监、总经理、董事长共同审批通过。采取分级审批标准可以有效地控制追加过程中可能出现的风险，保证预算的权威性和严谨性，同时对于额度较小的追加申请也可以节约时间和成本，保证预算的灵活性。

2. 预算追加审批要遵循逐级审批、统一受理的原则

预算追加审批要统一提交至预算管理委员会受理，以保证预算管理的一致性和权威性。之后，预算管理委员会应通知申请部门的上级部门先行进行审核，这主要是由于上级部门对该部门的情况较为了解，可以深入了解相关的收入和支出的实际情况，使审批更加科学、有效。

3. 预算追加要符合企业战略目标和统一的预算管理制度

追加的预算指标既要符合预算管理制度，也要符合企业的发展战略，如生产部门的生产支出必须在对当月的实际生产能力与销售需求进行分析后决定是否追加支出。预算追加要做到既符合企业的战略目标规划，保证正常生产经营活动的开展，又要厉行节约，防止浪费。

第四节 企业全面预算的预警

全面预算管理作为一种管理机制，目的之一是建立有效的预算预警系统。设置预警功能对及时发现预算执行过程中偏离企业战略目标的异常现象，解决预算执行过程中出现的经营问题，将非正常业务活动控制在萌芽之中，减少企业不必要的损失，确保经营活动按照预算目标顺利进行具有重要作用。

一、企业全面预算预警的分类

一般而言，企业全面预算的预警应包括以下四类：

一是预算内事项预警，是指预算内事项在其实际发生额接近预算时出具

的预警提示，主要是通过财务核算的实际与预算进行比较后，系统自动发出的警告，以提醒有关人员注意预算的执行情况是否将超出预算，如超出预算就应该决定采取何种措施；二是超预算事项预警，是指预算内事项在实际业务活动中，其实际发生数已经或将要超出预算额度时出具的预警提示，主要是通过财务核算的实际与预算进行比较后，系统自动发出的警告，或通过预算管理的授权控制系统而发出的警告，以提醒有关人员进行必要的判断，并决定相应的预算弥补措施；三是预算外事项预警，是指预算方案中没有预计，而执行中即将发生某项业务事项时而发出的预警提示，是通过预算管理中的授权控制系统的实时监控管理而发生作用的，提醒有关人员按照授权制度进行分析和审核，以决定是否应该发生以及如何分配资源；四是反常事项预警，是指在实际业务活动中，针对某些反常经济现象发出的预警，反常现象并不一定会成为隐患事项，但如果不对反常现象加以注意，一旦其转换成隐患事项并最终发生将酿成重大损失，影响预算的完成。

总体而言，企业全面预算预警功能的发挥基本都遵循这样的一个步骤。

在对整个生产经营活动进行预算时，企业各个部门都要定期上报真实的财务数据并对数据进行适时分析，如果发现了异常情况就进行进一步的综合分析，并通过综合分析找到引起异常情况的原因，最后根据产生异常情况的原因，决定今后是否采取改进措施以及如何采取措施等。可以说，预算预警借鉴了危机管理和风险管理的思想，更集中于对企业重大失误、管理波动的处理和研究，注重自我诊断和纠正，本质上属于一种逆境管理，是对传统企业管理控制理论的发展和提升。

二、企业全面预算预警的原理

企业全面预算预警主要是通过设立并观察、判断一系列敏感性预算预警指标的变化和发展趋势，对企业可能或将要面临的预算执行风险实施预测和预报的分析控制过程。为了提供科学合理的预警信号，预算预警就必须具备监控功能和识别功能。

监控功能主要研究如何对企业预算执行的全过程实施有效的监督和控制；而识别功能主要研究如何通过有效的识别系统，依据事先设定的相关预警控制标准来判定所监测到的所有预算管理活动是否在其控制的范围之内，对于那些超越控制标准的预算风险必须及时通报给相应的决策机构，以便及时发现问题，采取措施消除隐患，保证预算目标的实现。

　　企业预算管理的预警主要包括预警分析和预控对策两方面内容。预警分析是指对预算风险因素出现的可能性和产生的原因进行识别、分析与评价，并由此做出警告的管理活动，它可以结合利润管理、资产管理和风险管理等控制底线来进行企业全面预算警示分析。预控对策是指在预警分析的基础上，对企业预算执行过程中重大偏差的征兆进行事前控制与矫正的管理活动，保证预算管理活动严格按预算目标执行。建立完善的企业全面预算预警体系是对企业预算执行波动和预算执行失误的事前控制，是利用预警分析手段，使之不发生或减少预算执行过程中出现的不利因素而进行的一种管理活动。

三、企业全面预算预警模型的设立

（一）指标预警

　　对于可计量的因素可以运用指标预警法。对于不同的预算主体来说，预算的重点也不同，不同的战略目标也决定了不同层次的预算目标。预算的主体、目标等的不同使预算的预警功能在发挥作用时依据的预警指标也不同。但是不管企业的预算是以销售额为目标还是以成本为目标，或者以利润为目标，最终都是反映在财务上，因此不少企业的预算在执行过程中的主要警情都集中在财务风险上。下面我们仅针对财务指标对企业全面预算预警模型进行说明。

1.预警指标

　　在具体的预警指标选取方面，应考虑到各指标间既能相互补充，又不重复，尽可能全面综合地反映企业运营状况，既能真正发挥预知危机、控制危机的作用，又要方便计算，易于取得警戒线，同时还应遵循灵敏性、超前性、稳定性和互斥性的原则。

　　目前大多数企业存在"效益唯上"的短期行为，由于这种短期行为的存在，短期内效益和财务状况较好的企业往往会因为小的决策失误导致企业的破产清算。所以，企业全面预算预警指标应既包含短期预警指标，还包含长期预警指标，即应包括反映企业获利能力、营运能力、偿债能力和发展能力四个方面的指标。营运能力与偿债能力是企业财务评价的两大基本部分，获利能力直接体现了企业的经营管理水平，这些都应作为重要的预警指标。一般而言，主要的预警指标有：

　　获利能力指标，包括总资产报酬率、成本费用利润率等；偿债能力指标，包括资本流动比率、资产负债率等；营运能力指标，包括应收账款周转率、存货周转率等；发展能力指标，包括销售增长率、资本保值增值率等。

2. 警戒值的设置

警戒值的设置因预警指标的性质而异。有些指标数值越大越好，比如总资产报酬率、净资产报酬率等，这类指标的数值通常不设置上限，只设置下限；有些指标的数值则是在某一区间内最好有一个最优值，这类指标的数值具有上限、下限或者最优值，比如资产负债率这一指标不是越小越好，也并非越大越好，而是要控制在一定的区间内；有些指标的数值越小越好，如应收账款周转天数等指标，这类指标的数值一般只设置上限，不设置下限。

企业应该采用系统化的方法，即按照所处行业中的多数原则、半数原则、平均数原则等并列的客观原则进行研究，根据自身的历史情况及所处行业的整体表现进行综合，以获得较为合理的警戒值。当然，考虑到各个企业的发展具有共性和特性，在确定全面预算管理的预警功能时，对警戒值的设置可以做一些必要的调整。比如，考察目标企业所处的细分市场、历史发展等情况，结合多数原则、半数原则、平均数原则三项并列的原则所确定的警戒值进行综合调整，以确定更加可靠的警戒值。

3. 指标预警模型

指标预警就是根据指标的数值大小的变动来发出不同程度的预警。上述指标警戒值的设置中提及过三类指标，有些指标只设下限，有些指标同时设置上限、下限两个值，有些指标只设下限。

在预算管理活动中，预算的许多指标都已经数量化了，而且细化分配至各个责任主体和具体的执行部门，因此指标预警法就有很强的实用性。预算管理办公室和各个责任主体根据以往的执行情况和实际执行情况，帮助各个执行部门建立不同的预警区域，并以此来进行监控、诊断和消除不利因素，使预算目标能够如期实现。

（二）因素预警

对于不可计量的风险因素则采用因素预警法，因素预警法相对于指标预警法使用的范围要小一些，但是其中的风险因素往往具有很大的影响，有时可能决定预算的成败。因此，不能因为预算活动中该因素出现的可能性小就不重视。由于该因素的影响往往比较大，其对策的制定常常需要预算管理办公室和各职能管理部门共同参加。

（三）综合警报

由于全面预算管理过程中许多经济活动对预算指标的影响因素具有多样性。其中可能有可计量风险因素，也可能有不可计量风险因素，在这种情况下，可以把指标预警方法与因素预警方法结合起来，并把诸多因素综合进行考虑。

第五节 企业全面预算的分析与考评

在全面预算管理体系中，预算分析与预算考评处于承上启下的关键环节，预算在执行过程中和执行结束后应进行必要的分析与考评。通过预算分析可以肯定预算管理的成绩、查找存在的问题、分析原因、寻找改进问题的方法，有助于落实责任和纠正偏差，促进企业不断提高预算管理水平；通过预算考评可以增强全面预算管理的权威性和激励约束作用，充分调动各级责任单位和个人的工作积极性，为下一周期的预算管理打下基础。

一、企业全面预算的分析

预算分析是以预算指标、预算报告、预算执行情况以及其他相关资料为依据，采用一系列专门的分析技术和方法，对全面预算管理过程和结果进行分析、确认的综合管理活动。

预算分析贯穿于全面预算执行的全过程，其有广义和狭义之分。广义的预算分析是指对预算管理全过程的分析，包括预算的事前、事中和事后分析。狭义的预算分析只包括事后分析，即对预算执行结果的分析。本节中预算分析主要指的是预算差异分析，就是将预算实际执行情况与预算目标相比较，计算出两者的差异，评估预算执行的效率和效果，并根据周围环境和相关条件的变化制定出差异调整措施调整原有预算，使预算合理而顺利地继续执行。

（一）企业全面预算分析的方法

预算分析方法由定量分析法和定性分析法两大类组成。定量分析法主要是计算各项预算指标的变动大小和变动幅度，通过对比数据、因素替换等方法，找出差异、发现问题、分析原因、解决关键问题。它是预算差异分析的重要工具和手段，没有定量分析就很难明白数量界限。定性分析法是通过实地观察、座谈调查、因素评价、经验判断等形式，对各种不可计量的因素加以综合论证，对定量分析结果进行切合实际的修正，并做出"质"的判断的分析方法。它是差异分析的基础和前提，没有定性分析就弄不清事情的本质、趋势以及与其他事物的联系。

定量分析法是最基本的分析方法，定性分析法是辅助分析法，应该把定量分析法和定性分析法有机地结合起来，加以综合运用，才能构成完整的预算管理分析体系，才能充分发挥预算分析的作用。实际应用中，需要根据分析的目的和要求灵活选择不同的分析方法。下面介绍几种常见定量分析法。

1. 比较分析法

比较分析法是一种最基本的预算差异分析方法，即通过各个指标数据的对比来确定差异，主要是揭示客观上的差距。一般将实际数与预算数对比来揭示实际与预算之间的数量关系与差异，分析预算执行过程中存在的问题，为进一步分析原因提供依据。在运用时，要注意所比较的指标必须具有同质性，计算口径必须一致。

2. 比率分析法

比率分析法是指通过经济指标的计算，用相对数值对比来进行数量分析，从而确定经济活动变化程度的一种分析方法。比率指标的类型主要有构成比率、效率比率、相关比率三类。

（1）构成比率

构成比率又称结构比率，是指某项财务指标的各组成部分数值占总体数值的百分比，反映部分与总体的关系。利用构成比率可以考察总体中某个部分的安排是否合理，以便协调各项财务活动。

（2）效率比率

效率比率是某项财务活动中所费与所得的比率，反映投入与产出的关系。利用效率比率指标可以进行得失比较，考察经营成果，评价经济效益。

（3）相关比率

相关比率是以某个项目和与其相关但又不同的项目加以对比所得出的比率，反映有关经济活动的相互关系。利用相关比率指标，可以考察企业有联系的项目指标数值之间的合理性，反映企业某方面的能力水平。

采用比率分析法时，应当注意对比项目的相关性、对比口径的一致性和衡量标准的科学性。

3. 因素分析法

因素分析法是一种分析影响因素、计算各种因素影响程度的分析方法。在预算执行中，造成实际业绩与预算标准之间差异的因素很多，有的是主要因素，有的是次要因素。为了对各种因素的影响程度进行度量，就要采用因素分析法。根据计算方法和程序的不同，因素分析法主要有连环替代法和差额分析法。

（1）连环替代法

连环替代法是将分析指标分解为各个可以计量的因素，并根据各个因素之间的依存关系，顺次用各因素的比较值（即实际值）替代基准值（即标准值或计划值），据以测定各因素对分析指标的影响。

（2）差额分析法

差额分析法是连环替代法的一种简化形式，是利用各个因素的比较值与基准值之间的差额来计算各因素对分析指标的影响。

因素分析法是在比较分析法的基础上加以应用的，是比较分析法的发展和补充。采用因素分析法时，必须注意因素分解的关联性、因素替代的顺序、顺序替代的连环性和计算结果的准确性。

（二）企业全面预算分析的程序

1. 确定分析对象及分解标准

在编制年度预算的同时，由预算管理委员会确定预算差异分析的对象与差异分解原则。

一方面，确定差异分析的对象。适合进行差异分析的预算项目具有如下特点：对预算目标的实现有较重要的影响；成本动因数据可以准确获得，该费用与其动因之间有较为确定的对应关系，如线性关系。

另一方面，确定分解标准。预算管理委员会结合企业实际情况，根据差异分解原则，制定主要成本、费用项目的差异分解标准。包括：差异分解的程度，各项目差异分解所参照的数据来源及收集方式，差异的各细分部分对应的责任方。

2. 收集信息

在预算的执行过程中，由预算执行与控制部门根据差异分解标准的要求进行信息收集工作。包括预算执行过程中的财务信息，重要的外部市场信息，公司内部的非财务信息等。信息收集工作需要全员的参与，最后汇总和整理的过程由专人负责，比如财务人员。

3. 差异计算与分解

月度预算执行结束后，由预算执行与控制部门根据收集的信息计算出各项目的预算差异，并依据差异分解标准对差异进行分解，确定差异的责任部门，此时就可以运用之前提到的几种定量分析方法。根据不同的差异原因，预算执行与控制部门可以要求相应的责任中心做出差异原因解释。

4.判断差异的重要程度

在确定预算执行情况和预算指标的差异后，需要确定该差异对整个预算目标的重要性和影响程度。预算管理委员会根据实际经验，制定差异重要性标准，由预算执行与控制部门按此标准衡量实际发生的预算差异，确定其中重要的、须由相关责任部门做出解释的差异。

5.对重要差异进行解释

确定重要差异后，由预算管理委员会要求各责任单位对差异产生的原因进行解释。预算差异产生的原因很多，对于比较明确的差异不需要花费过多的时间来分析，如由于报告中的错误造成的差异、特定的经营决策导致的差异、企业不可控制的因素造成的差异等。对于原因不明确的差异和重要差异要着重考察。

通过差异分解只揭示并排除了其中一部分原因，对预算差异的全面解释，还需要各责任部门在差异分解的基础上，对其经营活动进行深入的、定量的分析，并对其可控性及在后续月度可能产生的影响做出判断。

6.差异分析报告与确认

各责任部门的分析结果汇总到预算管理委员会，并上报到公司执行层，公司执行层对差异原因分析进行审核，并予以确认。即依据对各项预算执行情况的分析结果进行综合概括，对企业全面预算管理的整个过程及其结果做出正确评价。

实际应用中，企业预算部门要定期召开预算执行分析会议，通过分析预算执行情况，研究、解决预算执行中存在的问题，提出改进措施。企业预算部门和各执行单位应当充分收集有关财务、业务、市场、技术、政策、法律等方面的信息资料，根据不同情况分别采用比率分析、比较分析、因素分析等方法，从定量与定性两个层面充分了解预算执行单位的现状、发展趋势及其存在的问题，对于预算执行差异，应当客观分析产生的原因，提出解决措施或建议，提交企业决策机构研究决定。

（三）企业全面预算分析的具体内容

前述章节讲过编制预算有时是以销售预算为起点，进而编制成本、利润的预算目标。预算差异分析也将依据这个思路，从销售收入的预算差异分析开始，然后是成本、费用和利润的差异分析。下面依次介绍销售收入预算、成本预算、销售费用预算、管理费用预算和利润预算的差异分析。

1. 销售收入预算的差异分析

实际销售收入与预算目标产生差异可能有两个主要原因，即销售量和销售价格的变化。对于销售收入的差异应分析销售量差异和销售价格差异，除此以外，还应该分析各种差异占总差异的比重。

销售价格差异是由于实际销售价格高于或低于预算销售价格而形成的，而销售数量差异是由于实际销量高于或低于预算销量而形成的，销售收入差异实际是由销售价格差异和销售数量差异两者共同决定的。计算结果如果是正数表示有利差异，如果为负数表示不利差异。

通过对销售价格和销售数量差异的分解，可以将销售收入预算完成情况进一步细化，找到影响销售收入预算执行情况的具体原因，并为寻找深层次原因提供突破点。

影响产品销售数量和销售价格变动的具体原因有很多，当销售量差异和销售价格差异确定下来之后，就需要具体分析影响产品销售数量和销售价格变动的主客观原因。另外，对影响销售数量变动和销售价格变动的因素分析还应结合销售费用的支出情况进行综合考察。

需要注意的是，企业的销售年度总预算在空间上会分解到各部门、项目、产品及人员，在时间上会分解到季度、月份、星期甚至具体到某一天。这也就意味着，销售收入预算完成情况的分析不能仅仅停留在全年考察上，全年目标的实现固然重要，但年度中每个阶段的预算进度也不容忽视，因为企业的生产经营是连续的，每个阶段的预算对企业年度预算目标的实现影响很大。

2. 成本预算差异分析

成本预算差异是实际成本与预算成本之间的差异，既包括总成本的差异，也包括各成本项目的差异。总成本差异从影响要素方面考虑，应该从直接材料成本差异分析、直接人工成本差异分析、制造费用成本差异分析等方面进行分析。根据性质的不同，成本可以分为变动成本和固定成本，其成本差异分析方法也有一定的区别，应当分开进行。

（1）变动成本差异分析

直接材料、直接人工和变动制造费用都属于变动成本，其成本差异分析的基本方法相同。由于它们的实际成本高低取决于实际用量和实际价格，预算成本的高低取决于预算用量和预算价格，所以其差异可以归结为价格脱离预算造成的价格差异与用量脱离预算造成的数量差异两类。

价格差异是指实际价格与预算价格之间的差异。价格差异在直接材料成本差异中称为材料价格差异，在直接人工成本差异中称为工资率差异，在变动制造费用成本差异中称为变动制造费用耗费差异。

数量差异是指实际单位耗用量与预算单位耗用量之间的差异。数量差异在直接材料成本差异中称为材料数量差异，在直接人工成本差异中称为人工效率差异，在变动制造费用成本差异中称为变动制造费用效率差异。

①直接材料成本差异分析

直接材料实际成本与预算成本之间的差额，是直接材料成本差异。该项差异形成的基本原因有两个：一是价格脱离预算；二是用量脱离预算。前者按实际用量计算实际材料价格脱离预算价格而形成的差异，称为价格差异；后者按预算价格计算实际材料用量脱离预算用量而形成的差异，称为数量差异。

材料价格差异是在采购过程中形成的，不应由耗用材料的生产部门负责，而应由采购部门对其做出说明。采购部门未能按预算价格进货的原因有很多，如供应商价格变动、未按经济采购批量进货、未能及时订货造成的紧急订货、采购时舍近求远使运费和途耗增加、不必要的快速运输方式、违反合同被罚款、承接紧急订货造成额外采购等，需要进行具体分析和调查，才能明确最终原因和责任归属。

材料数量差异是在材料耗用过程中形成的，反映生产部门的成本控制业绩。材料数量差异形成的具体原因有很多，如操作疏忽造成废品和废料增加、工人用料不精心、操作技术改进而节省材料、新工人上岗造成多用料、机器或工具不适用造成用料增加等。有时多用料并非生产部门的责任，如购入的材料质量低劣、规格不符也会使用料超过标准；又如工艺变更、检验过严也会使数量差异加大。因此，要进行具体的调查研究才能明确责任归属。

②直接人工成本差异分析

直接人工成本差异，是指直接人工实际成本与预算成本之间的差额，它也被区分为"价差"和"量差"两部分。价差是指实际工资率脱离预算工资率，其差额按实际工时计算确定的金额，又称为工资率差异。量差是指实际工时脱离预算工时，其差额按预算工资率计算确定的金额，又称人工效率差异。

工资率差异形成的原因包括直接生产工人升级或降级使用、奖励制度未产生实效、工资率调整、加班或使用临时工、出勤率变化等，原因复杂而且难以控制。一般来说，应归属于人事部门管理，差异的具体原因会涉及生产部门或其他部门。企业在较长时间内的工资率应该是稳定的，频繁的波动不利于企业其他相关经营目标的制定，也不利于员工的稳定。所以，人事部门或者生产部门应尽量制定长期稳定的薪资政策，避免波动过大。

直接人工效率差异的形成原因包括工作环境不良、工人经验不足、劳动情绪不佳、新工人上岗太多、机器或工具选用不当、设备故障较多、作业计划安排不当、产量太少无法发挥批量节约优势等。它主要是生产部门的责任，但这也不是绝对的，例如，材料质量不好也会影响生产效率，就应该由采购部门或仓储部门负责。

③变动制造费用差异分析

变动制造费用差异，是指实际变动制造费用与预算变动制造费用之间的差额，也可以分解为耗费差异和效率差异两部分。耗费差异反映的是变动制造费用的实际小时分配率与预算小时分配率之间的差异，效率差异反映的是实际工时和预算工时之间的差异。

变动制造费用耗费差异是实际支出与按实际工时和预算小时分配率计算的预算数之间的差额。由于后者承认实际工时是在必要的前提下计算出来的弹性预算数，因此该项差异反映耗费水平即每小时业务量支出的变动制造费用脱离了预算。变动制造费用耗费差异形成的原因主要有以下几个方面：制定预算时考虑不周而使预算数额制定不准确；间接材料价格变化；间接人工人数调整；间接人工工资率调整；间接材料质量不合格而导致用量增加；其他费用发生变化。耗费差异一般是部门经理的责任，他们有责任将变动制造费用控制在弹性预算限额之内。

变动制造费用效率差异是由于实际工时脱离了预算，多用工时导致费用增加，因此其形成原因与人工效率差异相同，在此不再赘述。

（2）固定制造费用差异分析

固定制造费用差异分析与各项变动成本差异分析不同，其分析方法有"二因素分析法"和"三因素分析法"两种。

①二因素分析法

二因素分析法是将固定制造费用差异分为耗费差异和能量差异（固定制造费用预算与固定制造费用标准成本的差额）。

耗费差异是指固定制造费用的实际金额与固定制造费用预算金额之间的差额。固定费用与变动费用不同，不因业务量而变，故差异分析有别于变动费用。在考核时不考虑业务量的变动，以原来的预算数作为预算，实际数超过预算数即视为耗费过多。

②三因素分析法

三因素分析法是将固定制造费用成本差异分为耗费差异、效率差异和闲置能量差异三部分。耗费差异的计算与二因素分析法相同，不同的是要将二因素分析法中的"能量差异"进一步分为两部分：一部分是实际工时未达到生产能力而形成的闲置能量差异；一部分是实际工时脱离预算工时而形成的效率差异。

固定制造费用耗费差异形成的原因主要有以下几个方面：租赁费、保险费等费用的调整；管理人员工资的变动；水电费价格的调整；固定资产折旧方法的改变；修理费开支数额的变化；其他有关费用数额发生变化。

固定制造费用能量差异形成的原因主要有以下几个方面：因市场需求不足或产品定价策略问题而影响订货量，造成生产能力不能充分利用；机械设备发生故障，增加了修理时间；原设计生产能力过高，生产不饱和；因原材料供应不及时，导致停工待料；能源短缺，被迫停产；操作工人技术水平有限，未能充分发挥设备能力。

3. 销售费用预算差异分析

销售费用的发生与销售收入数额密切相关，仅以销售费用数额是否超过预算指标是无法判断销售部门工作绩效和费用控制情况的。因此，销售费用预算的分析应结合销售收入预算完成情况进行综合分析，一般可以通过考察销售费用率（销售费用占销售收入的百分比）的变化情况，衡量销售费用预算的执行结果。

根据与销售额的关系特点，销售费用可以分为变动性销售费用和固定性销售费用。

（1）变动性销售费用差异分析

由于变动性销售费用与销售额的变动成正比例关系，因此，可以运用差额分析法直接分析销售额及其他因素的变动对变动性销售费用的影响结果。按费用差异产生的原因不同，变动性销售费用差异可分为开支差异和销售量差异两部分。开支差异是指由于预算开支标准，即销售费用率变化所引起的差异；销售量差异是指由于销售量变化所引起的差异。

（2）固定性销售费用差异分析

固定性销售费用的发生与销售额的变动没有直接比例关系，因此，可采用比较分析法直接得到预算执行结果与预算标准之间的差异额，然后分析导致差异的原因。

值得注意的是，根据以上销售费用预算的分析结果，我们不能简单地说销售部门费用控制得好与不好，还需要将销售费用与销售收入以及利润情况结合起来进行分析。如果销售费用的提高带来了销售收入和利润的提高，那么，销售费用的提高就是有必要的。

4.管理费用预算差异分析

管理费用预算差异是指管理费用实际支出与管理费用预算标准之间的差额。管理费用是企业为了组织和管理生产经营活动而发生的各项费用，它与产品制造成本的最大不同是，产品制造成本的发生与产品产量的多少密切相关，而管理费用的发生与产品产量的多少无直接关系。因此，管理费用的预算差异分析不能像直接材料预算、直接人工预算和变动性制造费用预算那样，通过因素分析法或差额分析法确定数量、价格、成本、产量等因素对预算执行结果的影响。

在实务中，管理费用发生的多少与企业的规模大小、行业特点、企业性质、管理风格、效益高低密切相关。一般而言，管理费用与企业规模和经济效益成正比例关系。垄断性行业、高利润行业管理费用较高，生产制造行业、低利润行业管理费用较低；上市公司、跨国公司、集团公司、股份制公司管理费用较高，其他性质的企业管理费用较低；管理控制严格、规范的公司管理费用较低，管理控制宽松、随意的公司管理费用较高。

因为管理费用的具体项目可根据能否进行人为控制而细分为约束性管理费用和酌量性管理费用两部分，同时，企业的管理费用预算一般采取按明细项目逐一分解落实到各个职能管理部门的控制方法，因此，企业应该从以下两方面进行管理费用预算差异分析：一是按照管理费用项目的不同习性进行差异分析，对约束性管理费用差异要重点分析其发生的合理性，对酌量性管理费用差异要重点分析其支出的必要性；二是按职能部门进行差异分析，要在各个职能部门管理费用差异分析的基础上，逐项分析造成管理费用项目差异的原因。

5.利润预算差异分析

（1）利润预算差异的确定

利润预算差异的确定一般可根据企业利润表中计算利润项目的顺序来进行。

①主营业务利润差异确定

主营业务利润差异就是实际主营业务利润与主营业务利润预算之间的差额，确定主营业务利润差异需要根据销售预算、成本预算的完成情况以及税金的缴纳情况来计算。

②营业利润差异确定

营业利润差异是指实际营业利润与预算营业利润之间的差额，确定营业利润差异需要在主营业务利润差异的基础上考虑其他业务利润、销售费用、管理费用和财务费用等项目。

③利润总额差异确定

利润总额差异是实际利润总额与预算利润总额之间的差额，确定利润总额差异需要在营业利润差异的基础上考虑投资收益和营业外收支项目。

④净利润差异确定

净利润差异是指预算净利润和实际净利润之间的差额，确定净利润差异需要在利润总额差异的基础上考虑所得税项目。

（2）利润预算差异的分析

明确了利润预算差异后，需要分析各项目产生差异的原因及对净利润指标的影响，以便正确评价企业利润预算的完成情况，寻找未来减少亏损、增加利润的方法，为企业制定更加合理有效的盈利措施，也为以后预算的制定提供可靠依据。

（四）企业全面预算分析报告

预算分析报告，即预算差异分析报告，是企业依据预算差异分析表及经营活动和财务活动所提供的丰富、重要的信息及其内在联系，运用一定的科学分析方法，对企业的预算执行情况做出客观、全面、系统的分析和评价，并针对这些差异明晰权责，提出科学合理的解决建议，以进一步加强企业预算控制的书面报告。

1. 预算分析报告分类

预算分析报告按照报告对象不同，可以分为面向高层管理者的预算执行情况摘要、面向中高层运营管理人员的预算汇总分析报告，以及面向一般运营管理人员或预算管理人员的预算明细差异分析报告。

2. 预算分析报告的内容

预算分析报告通常需要包括进度分析、业绩分析以及分析建议。首先，进度分析是指累计计算并汇总各期预算完成情况，以销售收入预算完成进度为起点分析成本和费用进度，为调整计划和控制提供指导。其次，业绩分析是指根据各部门预算完成情况，通过差异分析的方法，评价部门业绩，为考核提供依据。最后，分析建议是为各级领导决策提供支持和建议。实际应用中，预算分析报告可以包括以下五个方面的内容：

第一，上期改进建议执行情况追踪。根据上期预算分析报告确定的差异原因、责任人、改进对策等进行执行情况跟踪分析，确保预算分析结果和建议的落实。

第二，关键指标的完成情况。根据预算考核关键指标体系，分析指标完成情况、差异额和差异幅度等。

第三，影响指标完成情况的内外部因素分析。分析预算执行结果与预算目标之间差异产生的主要原因，导致差异产生的内外部因素及其对差异产生的影响，确定差异产生的责任人。

第四，分析差异的改进建议及相应对策。根据差异产生的原因、内外部因素和责任人，提出调整、修正、改进差异的相关建议，并制定具体的行动方案、明确责任部门和完成期限等。

第五，根据变动情况预测其趋势及规律。在预算差异分析的基础上，对企业关键指标的完成率进行趋势分析、评价，判断变动趋势，确定其变动规律，对市场、行业、企业发展前景等做出预测。

（五）企业全面预算分析中常见的问题

从目前很多企业的预算分析来看，经常会出现以下几个问题，对这些问题企业应引起重视并加以改进。

1. 侧重大量的财务数据

不少财务或预算管理人员错误地认为预算分析就是财务预算数据分析，只需要将财务实际数据与预算数据进行对比分析即可，所以一做预算分析就进行大量的比率和差异分析，然后在报告中罗列大量的财务分析数据，更有甚者将报表中的数据改用大段文字来表述，结果不但没有达到预期效果，反而使报告阅读者看了以后有晦涩难懂的感觉。

出现此类问题的原因关键在于财务或预算管理人员把财务数据分析当成了预算分析的全部。财务数据分析固然重要，但呈现给高层管理人员的财务数据应当是经过筛选并有价值的数据，而不是简单的罗列，分析人员更应当从大量的财务数据中看到其背后所反映的经营活动实质。

2. 与业务衔接少

不少企业财务或预算人员在进行预算分析时，没有到业务一线去了解真实情况，往往围绕各种报表数据进行，与企业发生的各种业务衔接较少，分析所得出的结论或提出的建议总是给人"纸上谈兵"的感觉。分析人员要想做好预算分析，就应深入企业一线了解和掌握真实情况，将数据结果与经营业务结合起来，不能仅仅停留于报表或数据之上。

3. 参与部门少

全面预算管理应当是企业所有部门都参与到与之相关的预算管理工作之中，包括编制、执行、调整、分析和考核等，虽然不少企业让各部门参与编制、执行、调整和考核过程比较充分，但分析活动却让其参与较少或不参与，长此以往有的部门就认为预算分析就是财务或预算部门的事，于是财务或预算部门在进行预算分析时就只好单打独斗、"闭门造车"，分析出来的结论自然是"纸上谈兵"，与企业实际结合不紧密，当然也起不到什么作用。

要做好预算分析，应当先由各预算责任单位进行基础分析，并将分析结果上报财务或预算部门，由财务或预算部门在各责任单位分析的基础上进行汇总分析和提炼。

4. 发现问题少

预算分析的一项重要任务就是要发现问题，以便在以后的预算管理工作中加以改进，发现不了问题才是最大的问题。但不少企业在进行预算分析时，发现问题少，有的根本发现不了真正的问题，特别是大问题。预算分析发现问题有两种方式：一是要从财务的角度去分析和查找企业管理中存在的问题；二是要跳出财务看问题，甚至站在企业总经理的高度去分析预算、发现问题和思考问题。

5. 分析原因少

预算分析在查找问题的基础上需要分析原因，以便将来对症下药，不少企业在进行预算分析时发现问题后没有深入分析问题产生的原因，有的分析了原因但原因没找对。在分析问题产生的原因时应从主观和客观两个方面进行，多问几个"为什么"，只有这样才能真正找准原因。

6. 提出建议少

有不少企业进行预算分析时很少提建议，有的即使提了建议，建议的针对性也不强，无关痛痒。预算分析报告很大篇幅都是就数字论数字，对于管理层的建议很少，或者相关建议过于简单。产生这种情况的原因主要有两个方面：一是分析人员参与企业管理的意识不强、主动性不够，有的甚至把自己放在局外人、旁观者的位置；二是对企业业务了解不够、企业管理经验不够丰富，所以无从下手，也就提不出什么好的建议。

管理层更希望从预算分析报告中获取更多有用的参考信息，而这样的信息需要经过财务分析人员认真研究整理，不能泛泛地谈论几项常规措施作为建议。要想解决上述问题，一方面需要分析人员转变角色，主动参与企业管理，另一方面需要学习和积累企业管理方面的知识与经验。

7. 预算分析报告重点不突出

不少企业每期的预算分析报告千篇一律，只是简单的数字更换。有的报告只有简单的数字和文字说明，缺少直观的图表分析；有的报告虽然有图表分析，但过于简单，没有形成系统的分析资料。缺乏可读性的报告只会让管理层对预算分析报告的重视程度越来越低，也会使预算分析报告失去应有的价值。

二、企业全面预算考评的内容

预算考评应以企业各级预算执行主体为考评对象，以预算目标为考评标准，以预算完成情况为考评核心，通过比较预算实际执行情况与预算目标，确定差异并查明产生差异的原因，进而据以评价各级责任单位和个人的工作业绩，并与相应的激励制度挂钩，使其利益与工作业绩相匹配，充分调动各级责任单位和个人的工作积极性，促进企业整体效益的提高。

预算考评主要包括两方面内容：

一是考核评价制度与奖惩制度的建立与实施。预算考评是预算管理的重要环节，它通常以预算的各项指标为依据，对预算的执行情况进行系统地记录和计量，并定期编制预算反馈报告，将实际完成情况与预算相比较，借以评价与考核各个责任中心的工作成果，并根据业绩考评结果进行经济和其他方式的奖惩，以促使各责任中心积极纠正行为偏差，完成自己所负的责任。

二是考核评价的方式。具体来说，预算考评包括期中预算考评和期末预算考评两种形式。所谓期中预算考评，是指在预算执行过程中依照企业全面预算内容对预算实际执行情况和预算指标进行考核、比较，发现及分析造成差异的原因，为企业生产经营过程中的纠偏和事中控制提供及时可靠的依据；期末预算考评是在预算期末对各预算执行主体的预算完成情况进行分析和评价。目前企业的预算考评多以期末预算考评为主（期中预算考评更多地体现在预算控制过程中），期末预算考评又多以成本费用、利润及投资报酬率等财务指标的考核为主。

第十章 全面预算的考评与创新发展

第一节 全面预算考评概述

在企业预算管理实践中，预算管理考评体系被称为预算管理的生命线。因此，建立合理的预算考评体系对于企业预算管理能否顺利实施至关重要。预算的编制仅仅是预算管理的开始，为了发挥预算的作用，必须对预算跟踪到底，对预算的结果进行全面考核和分析，否则预算就很可能流于形式。本节将对全面预算考评的概念、内容、原则和程序做一概述。

一、全面预算考评的概念

预算考评是对企业内部各级责任单位和个人预算执行情况的考核和评价。在企业全面预算管理体系中，预算考评既起着检查、督促各级责任单位和个人积极落实预算任务、及时提供预算执行情况的相关信息以便纠正实际与预算的偏差的重要作用，又使得企业有效激励相关部门和人员有了合理、可靠的依据，还有助于企业管理当局了解企业的生产经营状况。同时，从整个企业生产经营循环来看，预算考评作为一次预算管理循环的结束为下一次科学、准确地编制全面预算积累了实践经验，是下期编制企业全面预算的基础。

预算考评具体有两层含义：评价制度和奖惩制度。它最主要的目的是通过沟通、激励和控制，推动责任单位和员工的行为共同朝着企业的整体目标前进。

二、全面预算考评的原则

全面预算考评工作要遵循以下几个原则：

（一）目标性原则

预算考评的主要目的是更好地实现企业的发展战略和预算目标，通过将目标分解、落实到各个责任主体的预算指标考核上，明确各相关部门和人员的具体目标并督促其完成，以更好地确保整体目标的实现。在考评工作中要特别注意各级责任单位和员工目标的一致性，要避免出现只顾局部利益、不顾全局利益甚至损害整体利益的行为，要保证企业上下预算体系的一致性，共同实现企业整体战略目标。

（二）时效性原则

预算考评要讲求时效性，这样才能及时弥补预算管理工作中出现的漏洞，确保预算指标顺利完成。企业在实践中应该根据管理方针、内外部环境以及生产经营的需求，选择适当的考评周期，如月度考评、季度考评、年度考评等。如果当期的预算到下一期再考评，就为时已晚，失去了考评的意义。

（三）合理性原则

预算考评工作涉及各责任主体和个人的切身利益，因此在考评时一定要注意合理性原则。企业的预算考评必须做到公开、公正和公平，使各预算主体的风险和收益相匹配、权力和责任相对应，做到责、权、利相统一。

（四）分级考评原则

分级考评原则要求企业预算考评应根据企业组织结构层次或者预算分解层次来进行。考评要针对不同层次的责任主体所拥有的权力和承担的责任来进行，而考评的执行者应是每一级主体所属的上级部门，因为每一责任单位的上级部门对该责任单位的情况最了解，考核时可以更加科学、合理、有效。

（五）例外原则

在预算管理中，企业管理者应该对可能影响预算目标实现的关键因素给予特别的关注，尤其要关注这些因素的例外情况，如宏观经济环境的变化、自然灾害等。这些因素不受企业控制，一旦受到这些因素的影响，企业应该及时修正预算，考评应按照修正后的预算指标来进行。

三、全面预算考评的程序

企业全面预算考评一般包括以下几个步骤：

（一）比较预算与实际执行情况，确定预算差异

根据实际情况与预算的差异的性质不同，可将差异分为有利差异和不利差异。一般来说，有利差异就是指实际情况优于预算目标的差异额，比如实际收入高于预算收入，或者实际成本低于预算成本等；而不利差异则相反，比如实际收入低于预算收入，或者实际成本费用超出预算额度等。预算考评的目的之一就是消除不利差异，确保预算目标的实现。因此，比较、确定差

异是预算考评的首要工作，它可以帮助管理者掌握差异形成的具体原因和追踪责任主体的责任，以便采取相应的措施，消除不利差异，扩大有利差异。

（二）分析差异原因，明确相关经济责任

对预算执行结果的实际差异的分析应侧重于对重点差异的分析，遵循重要性的原则，针对不利差异和有利差异分析原因，明确应负责的责任单位或者责任人。

（三）预算管理委员会对考评结果进行审核和通报

在对各责任中心预算执行情况进行考核和差异原因的分析之后，要将结果上报给预算管理委员会，由预算管理委员会进行审批，再将考评结果进行通报。

第二节 预算执行结果考评

预算的考评主要是针对预算执行结果进行的，预算执行结果考评就是将预算执行结果与预算目标进行比较，按照预算目标的实现程度，对预算执行主体进行考评。预算执行结果考评的要素主要包括预算指标体系、预算指标标准值计分体系。下面将对预算指标体系和如何通过预算指标计分来考评预算业绩做详细的介绍。

一、预算指标体系

预算指标体系是预算控制的标准，为预算业绩考评提供依据，因此在考评之前需要确认衡量企业各方面绩效的关键指标。而衡量企业业绩的指标可以分为两大类，即财务指标和非财务指标。下面将对这两类指标做具体介绍。

（一）财务指标

根据企业的资产负债表、利润表和现金流量表中的数据可以计算出多个指标来衡量企业各方面的绩效，这些财务指标一般分为四类：偿债能力指标、盈利能力指标、营运能力指标、发展趋势指标。

1. 偿债能力指标

企业的偿债能力指标是指用于衡量企业偿还债务能力的指标，它可以衡量企业财务风险的大小。

2. 盈利能力指标

盈利能力指标衡量的是企业赚取利润的能力。企业的盈利能力无论对于投资者还是债权人来说都是十分重要的，利润是债权人和股东利益的保障，不断提高企业利润是企业财务预算的重要目标之一。用于衡量企业盈利能力的指标主要包括销售利润率、资产报酬率、净资产收益率等。

销售利润率是企业在一定时期内的利润总额和营业收入的比率，是反映企业获利能力的最主要的指标。这一指标越高，说明企业盈利能力越强，反之越弱。但要注意的是该指标只能反映企业一定时期内的盈利水平，难以反映盈利的持久性和稳定性。

资产报酬率是指企业在一定时期内净利润与平均资产总额的比率，反映了企业利用资产产生利润的效率。这一指标越高，说明企业资产利用效率越高，盈利能力越强，反之亦然。

净资产收益率是企业在一定时期内净利润与平均资本的比率，反映的是企业所有者权益获利的能力。这一指标越高，说明所有者权益获利能力越强，反之越弱。

除了上述三个指标，企业盈利能力指标还包括每股盈余、市盈率等指标，在此不一一列出。企业在运用盈利能力指标时，可以根据具体需求，选择有不同侧重点的指标，比如与销售收入有关的指标、与股票数量或者股价有关的指标、与现金流量有关的指标等。

3. 营运能力指标

营运能力是指企业经营运行的能力，具体来说就是企业各项资产周转的能力，反映了企业对各项资源的管理、运用效率的高低。营运能力对企业的偿债能力和盈利能力都有重要影响，一般企业资产周转越快，流动性就越强，企业的偿债能力就越高，资产获取利润的速度就越快。衡量企业营运能力的指标主要包括应收账款周转率、存货周转率、流动资产周转率、固定资产周转率、总资产周转率等。

应收账款周转率是赊销收入净额与应收账款平均占用额的比率。这一比率有两种表示方法：应收账款周转率和应收账款周转天数。一定时期内应收账款周转次数越多，周转天数越短，则周转速度越快，应收账款的利用效率越高。

流动资产周转率是销售收入和流动资产平均占用额之比。这一比率也有周转率和周转天数两种表示方法。一定时期内流动资产周转次数越多，周转天数越短，则周转越快，利用效果越好。

固定资产周转率是企业销售收入与固定资产净值总额之比。周转率越高表明企业对固定资产的利用越充分，固定资产投资越恰当，反之则说明固定资产利用效率越低。

总资产周转率是销售收入与资产总额之比。这一比率用来分析总资产的利用效率，周转率越高则说明企业对全部资产营运的能力越强，资产获利能力也越强，反之则说明企业全部资产利用程度较低。

4. 发展趋势指标

衡量企业发展趋势可以从总资产、利润和销售收入等方面入手，具体指标有以下几个：

总资产增长率，又称总资产扩张率。这一指标是企业本年总资产增长额与期初资产总额的比率，反映企业本期资产规模的增长情况。该指标值越高说明企业当期资产经营规模扩张速度越快，反之亦然。但该指标并不是越大越好，除了数量，还要注重质量和长期发展能力，避免盲目扩张。

利润增长率，是企业当年净利润增长额与上年净利润的比率。净利润是衡量企业当年经营效益的重要指标，利润增长率越高说明企业当年盈利能力增长快，反之则说明盈利能力增长慢。在分析该指标时，要进一步揭示其变化的原因，可以结合盈利能力指标进行分析。

销售收入增长率，是企业当年销售收入增长额同上年销售收入的比率，从企业收入扩张的角度反映了企业的发展能力。

（二）非财务指标

以企业会计信息为基础的财务指标虽然因具有可比性、客观性等优点，一直在企业业绩评价中占据重要地位，但是也有一定的局限性，比如，财务指标只能滞后地反映过去的经营成果、受会计政策影响较大、容易加剧管理层的短视行为、可能被操纵，等等。

与财务指标相比，非财务指标能更好地衡量和反映企业未来的业绩，更具有及时性，能衡量财务指标无法衡量的对企业未来发展有重要影响的价值创造因素，例如人力资源、创新能力、客户忠诚度等。但是，非财务指标同时也有难以用货币来衡量、缺乏统计上的可靠性等缺陷。

非财务指标是一个外延很大的概念，包括企业生产、营销、研发、人力资源等各方面与企业经营相关的信息。要注意的是非财务指标并不等同于定性指标，事实上，非财务指标既有定性指标，又有定量指标。企业在制定非财务指标时，要根据企业自身的具体情况和需求来选择适当的指标。企业可以通过价值相关分析，根据对企业价值贡献的多少，确定对企业战略及具体生产经营有重要影响的各种非财务指标来构建非财务评价体系。

二、单个指标计分方法

在明确需要评价的预算指标之后，就可以按照这些指标来比较预算目标和实际执行结果，对预算执行绩效进行考评。在对某项指标或者几项指标进行考评时，可以根据一定的方法对结果计分，使考评结果更具系统性。下面首先对单个指标的计分方法做一个介绍。一般来说，单个指标的计分方法有分等评分、比率评分和功效系数法等。

（一）分等评分

分等评分是指将各项评价指标的实际数值同评价标准数值相比较，按照实现程度划分等级，根据每个等级规定的分数评定各项评价指标的得分，如根据实际数值比标准数值升降的情况，划分为进步、持平和退步三个等级。

（二）比率评分

比率评分是指按各项评价指标分别规定标准分数，根据评价指标实际数值实现标准数值的程度计算实现比率，评定各项评价指标的得分。

（三）功效系数法

功效系数法是指根据多目标规划原理，把所要评价的各项指标分别对照各自的标准，并根据各项指标的权数，通过功效函数转化为可以度量的评价分数，再对各项指标的单项评价分数进行加总，求得综合评价分数。功效系数法是一种常用的定量评价方法。

企业在运用功效系数法时，可根据需要灵活运用。比如，增加评价标准档次，将上述公式中的满意值和不允许值两档评价标准值增加到优秀值、良好值、平均值、较低值和较差值五档评价标准值，也可对上述公式中的基础分按 60 分和 40 分进行调整。

三、指标权数确定

指标的权数是指在评价某项指标时的重要程度。在对多项指标进行评分时，每一项指标对企业的贡献和重要程度可能不同，如果不赋予一定的权数，就会使得评分有失偏颇。目前国内外关于权数确定的方法多达数十种，根据计算权数时原始数据的来源不同，大致可分为三类：主观赋权法、客观赋权法和主客观综合集成赋权法。

（一）主观赋权法

主观赋权法评估采取定性的方法，由专家根据经验和对实际的判断给出，如层次分析法、专家调查法、模糊分析法、二项系数法等。这种方法最大的缺点是具有主观随意性，选取的专家不同，得出的权数也不同，有时得到的权数可能会与实际情况有较大的出入。

（二）客观赋权法

客观赋权法是根据历史数据与研究指标之间的相互关系或指标与结果之间的关系来进行综合评估，例如最大熵技术法、主成分分析法、均方差法等。常用客观赋权法的原始数据来评价矩阵的实际数据，使得系数具有绝对的客观性。客观赋权法最大的优点是客观性强，但是没有考虑到决策者的主观意图，而且计算比较烦琐。此外，在现实中，最重要的指标不一定就具有最大的权数，而最不重要的指标可能具有最大的权数。

（三）主客观综合集成赋权法

主客观综合集成赋权法是针对上述两种方法的优缺点提出的，这类方法主张将主观赋权法和客观赋权法结合在一起使用，充分利用各自的优点。这种方法将主观偏好信息和客观的矩阵信息相结合，使确定的权数可以同时反映主观和客观信息。

第三节 预算考评与业绩激励

基于预算的业绩激励是指依据考评结果对相关责任中心或者责任人进行激励。建立科学有效的激励机制是保证企业全面预算管理能够长期稳定运行的重要条件。本节将对预算考评和业绩激励的关系以及如何具体实施基于预算的业绩激励做具体的介绍。

一、预算考评与业绩激励的关系

制定科学合理的激励制度是确保企业全面预算管理系统长期稳定运行的一个重要条件。明确的激励制度可以让预算者明白其业绩与奖励之间的关系，使个人的利益与组织的利益统一起来，激发员工的工作积极性。事实上，现阶段的预算管理在实践中出现的诸如预算目标不准、预算松弛现象频发、预算控制力不足、预算管理流于形式等问题，很大部分要归咎于许多企业没有建立起配套的合理的预算管理激励机制。如果考评制度不完善，考评以后没有奖惩措施，考评就失去了意义。因此，在全面预算管理工作中，企业一定要确立一套完善的预算激励机制。

在实施预算管理时，要坚持以人为本的理念。企业要重视人的作用，因为人是预算的制定者、预算信息的录入者、预算的执行者、预算执行情况的考评对象，是预算工作的主体。在执行预算工作的过程中应充分发挥人的主观能动性，鼓励各级员工参与预算工作，通过合理的激励机制调动员工的工作积极性。

二、基于预算的业绩激励的实施

在建立预算激励制度时，首先要明确预算激励的对象主要是各责任中心和企业的员工，下面分别就责任中心和一般员工来具体介绍如何实施基于预算的业绩激励。

（一）责任中心的考评与激励

在第九章中，我们对责任中心做了介绍，责任中心根据控制范围和责任对象可以分为成本中心、利润中心和投资中心，对责任中心的考评和激励也应该区别不同责任中心选取不同的依据和侧重点。

第一，成本中心只着重考核其所发生的成本或费用，而不考核收入。对成本中心工作成果的评价与考核，主要是通过将一定期间内实际发生的成本费用同其责任预算所确定的目标进行对比来实现的。成本中心通常是以标准成本作为评价与考核的依据；费用中心则以一定的业务工作量为基础。

在责任中心考评工作中，一个十分重要的考评原则就是可控性。为发挥责任会计的积极作用，明确各责任中心的可控性具有重要意义。能被责任中心所控制的成本才属于可控成本，否则就是不可控的。在考核中，应该以可控成本为主要依据，不可控成本只具有参考意义。

要明确什么是可控成本，什么是不可控成本，还要正确区分责任成本与产品成本。责任成本就是具体的责任单位以其承担的责任为范围所归集的成本，而产品成本是按不同产品来归集的。

产品成本和责任成本有很大的区别。在根据责任中心对产品成本进行分析时，需要先按不同的责任中心对产品成本进行归集，然后再分析哪些属于可控成本，哪些属于不可控成本。

一般来说，由各个成本中心直接发生的成本大多是可控成本，而由其他部门分配而来的间接成本大多属于不可控成本。但是将直接成本等同于可控成本，或者将间接成本等同于不可控成本都是不正确的。一个成本中心的间接成本有两种可能的类型：一类是与生产活动没有直接联系的成本；另一类是在生产中耗用的、可随生产需要而改变的成本。前一类一般都是不可控的，后一类如果采取正确的分配方式则可以成为可控成本。

在对成本中心进行激励时，主要应当根据其预算期间内可控成本或费用预算的完成情况以及其他节约情况进行定额和按比例的奖励。

第二，利润中心既要考核成本也要考核收入，因此其工作成果的考评主要是将一定期间实际实现的利润同预算目标进行对比，进而对差异形成的原因和责任进行具体的分析，借以对其经营上的得失和有关人员的是非功过做出比较全面、正确的评价。

对利润中心进行考核，也要首先明确利润中心的可控利润和各种不可控因素。可控利润可以具体分解为可控收入与可控成本。具体考评方法参照评价企业利润的方法，可运用各项利润评价指标来考评。对于完成利润预算的责任中心应当给予奖励，完不成的责任中心则要给予相应的惩罚。

第三，投资中心不仅对收入和成本负责，还能够自主地运用资金进行投资，所以在考核时主要看它全部资产的盈利能力。在对投资中心的工作效果进行考评时，可以参考对企业投资进行考核的指标，比如投资利润率和剩余利润。

对于投资中心的激励，因其本身的特征，应当在其预算考评工作结果的基础上，比照企业整体的激励方式进行，以调动全体人员的积极性，保证责任预算目标的顺利达成，不断提高企业的经济效益。

对责任中心的奖惩方式可以根据企业的具体情况来制定，一般有以下三种方式：

1. 直接奖惩

规定各项责任预算完成后能够获得的奖金总额，并制定超额完成责任预算或未完成责任预算目标时加奖或扣奖的计算方法，然后根据各责任中心的预算执行情况计算相应的奖惩金额。

2. 按比例奖惩

针对各责任中心的各项责任预算目标应采取不同的方式，并制定不同的预算目标的权数和分值加减方法，然后计算各责任中心预算期间的总分值，并根据分值按照事先确定的奖惩方法按比例奖惩。

3.收益分享计划

收益分享计划是一种把一个部门或一个群体的生产率提高作为收益评价指标，并在雇员与企业之间分享生产率提高带来的收益的计划。它可以将责任中心的利益与企业利益结合起来，促使责任中心更好地为了企业的总体目标而努力。收益分享计划一般包括拉克计划、斯坎伦计划等。在运用收益分享计划时，首先要根据过去的经验确定一个基准分配率，然后根据基准分配率计算责任中心当期的分配额，并以此确定奖励额。

（二）一般员工的考评与激励

企业在进行考评与激励时要做到以人为本，因为人才是企业生存和发展的根本。预算的编制、执行、控制乃至考评体系的设计等均需要全体员工参与。企业应当充分调动广大员工的积极性，动员全体员工主动参与预算的编制和控制，使得全体员工都能够直接或者间接地参与预算管理过程，为更好地实施预算管理献计献策，真正实现企业全员参与预算管理，保证预算管理目标的全面达成。实际工作中，只有企业全体员工积极参与了预算编制工作，并且受到了应有的重视，企业制定的预算才易于被员工接受，预算管理工作的推进才有可靠的群众基础。同时，动员全体员工积极参与预算管理，还可以减少企业管理层和一般员工之间的信息不对称，从而减少其可能带来的负面影响，为顺利实现企业全面预算管理目标提供保障。

企业必须设计一套与企业全面预算管理制度相配套的对企业一般员工的考评与激励制度。在设计考评与激励制度时，要注意以下几点：第一，要明确员工应该承担的责任、应享有的权利，明确其可控因素，合理评价其工作业绩；第二，通过个人绩效与所在团队绩效按比例综合加权来确定个人预算考评结果的方式，充分调动员工的团队合作精神；第三，员工业绩与奖惩结果要挂钩，应遵循公平、公正的原则，不能有失偏颇；第四，激励机制要注意员工的多样化的需求，不仅考虑物质上的需要，还要考虑精神上的需要，例如获得尊重、升职的需要等，应对此进行调查分析后再设计相应激励制度。

明确了一般员工的重要性以及设计考评和激励制度的注意点后，我们就可以开始关注考评和激励的具体内容。对员工的激励制度的设计应该考虑到员工多层次的需要。员工的需要可以分为五个层次，从低到高依次是生理需要、安全需要、社交需要、尊重需要和自我实现需要，当低层次的需要被满足以后，员工就会开始追求更高层次的需要。除了需要层次理论外，许多学者的研究也认同员工需要不仅仅是指物质上的需要，更多的是心理和精神上的需要。下面结合这几种理论，从物质和精神两个不同的层面来具体分析一般员工的激励机制。

1. 物质层面

物质层面的激励是激励机制中最基础的一层，这部分的激励可以根据激励的形式分为三个方面。

（1）员工基本工资的确定

这既包括员工合理的基本工资数额的确定，也包括基本工资的提升如何与企业预算考评结果挂钩，并体现企业预算考评的结果。大致来讲，确定基本工资的方式有以下四种：

①与单位效益挂钩的统一基本工资

这种方式拉近了所有员工之间的工资距离，有利于形成良好的员工关系，操作起来也简单易行，但可能导致单位内部扯皮、怠工，不利于调动所有员工的工作积极性。

②按件计酬

按件计酬就是根据个人完成工作量的大小支付薪酬。这种方式直接将员工的工作成果和薪酬联系在一起，体现了基于预算考评的业绩激励的理念。但是实际操作中这种方法可能导致员工只重视数量而不重视质量，而且由于缺乏最低工资保障，往往不被企业员工接受，所以主要适用于临时员工。

③按时计酬

按时计酬就是根据员工工作时间支付薪酬。这种方式的一个必要前提就是员工小时工作率能得到合理保证。在工作效率差异较大的情况下，这种方式是不利于提高企业整体工作效率的。

④反映年功序列和个人价值的基本工资

这种方式综合考虑员工在企业工作的年限和所做的贡献，以及员工的个人价值和对企业作用的大小，更加侧重于员工在企业工作的长期表现。这种方式在一定年限内可以保持员工工资具有适度的稳定性，便于操作和保障员工最低生活水平，有利于稳定员工队伍，激励员工为企业多做贡献。

（2）员工奖金的确定

员工奖金一般可以分为绩效奖金和效益奖金，绩效奖金是基于员工业绩的，而效益奖金是基于企业整体经济效益的。在预算考评和激励体系中主要涉及的是员工的绩效奖金，它是根据预算执行期间员工的工作业绩，或员工既定预算目标的完成情况来评定的。因此，绩效奖金的制定一定要与企业预算考评结果紧密联系，并且能准确、及时地反映预算考评结果。条件具备的企业还可以分别针对月度、季度、年度的预算考评工作，评定发放员工月度奖、季度奖和年终奖。

（3）员工福利的确定

企业应充分考虑员工的各类需要，设计出全面的员工福利制度，解除员工的后顾之忧，弥补薪酬激励的不足。福利的一般形式包括法定福利（五险一金等）、培训、带薪假期、旅游奖励等，企业福利的发放也可以结合员工业绩来进行，这样能更好地激励员工的工作积极性。

2.精神层面

在物质层面得到满足后，员工必然会追求更高层次的精神需要。如果企业仅仅为员工提供丰厚的物质激励，而不能使员工获得精神上的认同和满足，是不可能充分调动员工的积极性，让他们为了企业的整体利益而奋斗的。结合预算考评，对员工的精神激励可以通过组织各种评优活动、劳动竞赛、表彰大会、提升职务职称等来进行，通过这些手段使员工感到被尊重、被认可，激励他们更好地实现企业的预算目标。

除了正面的激励，负面的精神激励也很重要。激励制度不仅仅是动力机制和奖励机制，还包括压力机制。在正面的激励手段应用较多的情况下，其边际效应会越来越小，而应用较少的负面激励手段，其边际拉动效果可能会更加明显。负面的激励机制包括约束和惩罚。完善的激励模式绝不仅仅只有奖励，约束和惩罚也是必不可少的，如果仅仅依靠奖励来激励，长此以往，员工很可能会产生惰性，企业必须做到"有功必奖，有过必罚"。企业在员工没有达成预算目标时，给予他们适当的精神压力，可以形成有效的督促。这种压力可以来自于企业外部的市场竞争，也可以来自企业内部的考评、监督、管理等。当然，不管是正面还是负面的精神激励，都必须建立在以业绩考评为基础的激励体系上，必须做到"有据可依"，这样才能规范企业的生产经营和管理活动，促进企业整体效益水平的提高。

从内容上划分，精神激励主要包括以下四个方面：

（1）文化激励

企业文化是一个企业在发展中形成的经营理念、价值观念、经营方针政策的集合。将企业文化融入员工的思想观念中，可以使员工的世界观、价值观自觉符合企业的文化，使员工的行为自觉符合企业整体利益。

（2）环境激励

这里的环境包括政策环境和客观环境。政策环境指的是企业的各项规章制度，合理规范的企业制度可以使员工认为自己的工作环境是公平公正的，从而激发他们的工作积极性。客观环境包括工作地点、工作空间的大小、工作环境的舒适程度等，也会影响员工工作的积极性。

（3）成就激励

成就感来源于员工的工作业绩。一般而言，成就的大小取决于人们在工作中贡献程度的大小，企业可以从团队构建、权力分配等角度来设计对员工的成就激励。

（4）愿景激励

愿景激励可以使员工对自己的职业目标有一个清晰的认识，激励他们朝着愿景目标而努力。企业在进行愿景激励的时候，可以通过讲解企业未来愿景或者为每个员工制订预见性的培养计划来实现。

第四节　全面预算管理的创新发展

一、正确认识全面预算管理

尽管人们对预算管理工具存有这样或那样的看法，但它在企业实践中应用的可持续性并没有动摇。预算管理作为提升企业管理效率与效益的利器，在企业实践中不可或缺，持续发挥着积极作用。

（一）全面预算管理的重要性

预算是以货币及其他数量形式反映企业未来一段时间内全部经营活动的各项目标及相应措施的价值说明。就预算制度的发展来看，近代预算制度产生于英国，发展于美国，最早应用于美国的政府机构，进入 20 世纪 20 年代以后，开始在美国的企业组织中得到应用。经过多年的不断发展与完善，全面预算管理已从最初的计划与协调，发展为兼具控制、激励、评价等功能的管理机制。

从管理者的角度来讲，预算管理是企业高层（如董事会）监督、管理企业的重要手段。简单来说，预算就是用会计语言来表现的企业收益计划。正如著名管理学家戴维·奥利所言，预算管理是为数不多的几个能把组织的所有关键问题融合于一体的管理控制方法之一。在西方发达国家的企业中，由于较早实施全面预算管理，它已成为大型工商企业标准的作业程序，并且相关的体系与方法也较为成熟与完善。就世界范围来看，大多数国家将预算写入了本国的《公司法》或其他商业法典。预算的存在是企业谋求合法性和社会支持的一种证据，而不仅仅是一种管理工具。没有预算，就没有明确的采购、生产和销售计划，容易导致生产能力和资源使用的冲突；没有预算，管理人员就可能因未能实施适当的控制而遭到法律、法规的处罚；没有预算，银行和保险系统可能拒绝对企业进行信用评级，企业融资、并购甚至破产保护等将变得不可行。

（二）全面预算管理的改革与创新

从现实情况看，尽管很多企业都意识到了全面预算管理的重要性，但由于对预算编制、预算监控、预算分析、预算考核以及预算与内部控制制度的关系认识不够全面，尤其是对预算的信息化重视不够，主动性差且方法不够得当，导致不少企业盲目开展预算管理活动，投入了大量的人力、物力但收效甚微，全面预算流于形式，未能发挥应有的作用。因此，必须加快全面预算管理的改革步伐，通过创新来调动广大企业进一步实施全面预算的热情和动力。

发达国家的经验表明，企业内部管理水平的高低与预算应用水平成正比。健全与完善预算管理体系，一方面能够促进企业经营决策的科学化和民主化，提高企业综合盈利能力；另一方面能够明确企业高层的监督责任，促进各部门经济活动的协调一致，降低企业的投资与经营风险。当前，企业预算管理实务面临着外延过宽、内涵陈旧、缺乏灵活性等现实问题，调整和改革预算管理制度已成为企业发展的迫切要求。

全面预算管理通过对企业资源的合理配置，可以促进专业管理从单纯的技术管理向技术与经济管理相结合的方向转变。它借助构建以市场价格为导向的压力传递机制，将传统企业管理的事后反映转变为事前预算、事中控制和事后考核，是全员、全过程、全方位的管理，实现了物流、资金流和信息流的"三流"合一，使企业的生产经营活动始终处于受控状态，从而达到提高经济效益的目标。

全面预算管理的创新至少包含三个层次。

一是借助于预算编制方法和手段的整合，提升全面预算管理的内在机制，促进全面预算管理制度的完善与发展；二是改革现行的管理会计体系来适应新的情况，消化企业制度变迁给管理会计机制产生的压力，从而实现全面预算管理自身的可持续发展；三是通过预算管理过程的优化来建立新型的内部控制理论与方法体系，这是全面预算创新中最重要的内容。

尽管第一和第二层次也会涉及内部控制与财务管理变革的一些内容，但在这两个层次上，制度创新仅仅停留在静态的被动态势，全面预算管理改革不会成为管理会计体系建设的主体。只有在第三层次，全面预算管理制度创新或者改革才会成为主体。全面预算管理的改革与创新有利于企业提高计划管理、业务运行的机制，协调平衡各方关系，实现资源的有效配置；有利于完善企业内部控制，提高企业管理效率与效果；有利于增强企业的市场竞争能力和风险抵御能力；有利于优化企业对各责任中心经营业绩的考核与评价。

二、预算管理的逆反性与应对策略

预算管理作为企业管理的一种有效手段，已被国内外大中型企业普遍采用。然而，随着实践的深入，预算管理本身也暴露出一些不足或问题，亟须寻求相应的对策。

（一）预算管理的逆反性

传统的预算管理有两大基本功能：一是通过预算编制实现资源配置；二是实现预算控制。企业实施预算管理主要基于以下两点考虑：

一是企业规模扩大，经营者的精力必须放在重点管理和例外管理上，预算管理正好能实现这一转型的需要。二是预算为确定不同时期的企业经营目标、稳定企业的经营业绩、降低经营风险提供了一种操作性很强的方法。近年来，我国企业在大力推行预算管理的同时，也遇到了一些逆反性问题，如预算编制过程中基数确定的准确性不高，经营者在预算管理中过于注重短期利益，无法满足企业长远发展和战略管理的需要等。导致这些问题的原因可归结为如下几点：①目标不一致和利益冲突；②信息不对称；③规避不确定性带来的风险；④防备上级的层层削减或层层加码；⑤缓解以预算标准评价业绩造成的压力。

1. 技术性原因导致的逆反性

预算编制基数的"精度"是预算管理中的一个技术性难题。它是预算管理发展过程中普遍存在的逆反现象之一，其起因与企业组织结构的变迁密切相关。随着二十世纪五六十年代以来企业分权化趋势的增强，部门（下层）管理者的自主权扩大，经营决策的机会增多。在这种委托代理关系下，由于不同管理层之间的信息不对称，预算管理过程中的寻机现象也随之产生。

当进入一个新的年度时，经营者总是希望所属企业或单位能如实地填报预算基数，并最大限度地调动各有关方面的积极性。但事实上，在确定预算基数的上下级不对称信息博弈中，讨价还价往往是不可避免的。从委托代理角度分析，在委托人与代理人之间的博弈中，代理人往往具有优势，因为他们掌握着更多的信息。作为企业的下级组织，相对其上级组织而言，他们更清楚每年究竟能完成多少预算目标，但是他们通常倾向于隐瞒这一信息，以便在讨价还价中压低预算基数，从而获得更多的超额奖励。这种现象在实践中表现为预算的执行者低估收入、高估成本、低估产销量甚至销售价格、夸大完成预算的困难、低估利润等；或为了争取新的投资项目，在项目申报时压低预算支出，当项目被批准后，又不断扩大投资规模或捎带其他项目以谋求自身利益。如何从技术上提高预算编制的科学性，增强各级经营者的预算控制积极性，已成为当前面临的重大课题。

2. 管理思想滞后诱发的逆反性

就预算管理而言，如果企业预算过分注重收益指标，或局限于短期视野的财务控制，就容易陷入形式主义的误区。换言之，企业实践中的"预算无用论"就会蔓延。造成人们对预算管理发生动摇的原因主要有以下几点：①认为预算管理中，正确估计企业未来的收入和费用困难较大；②有些企业家认为，预算给他们带来的束缚太多，增加了不必要的环节，使他们不能很好地发挥创造性，并且有可能使他们失去一些发展的机会；③企业内外部环境的不确定性因素太多，预测难度大，某些因素的变化往往会给经营业绩带来相当大的影响，容易与实际脱节；④太费时间，对各项目的估计和预算报表不够重视，认为成本太高。

（二）应对逆反性的控制策略

预算是建立在企业经营管理全过程之中的一种规划，是企业战略的体现。预算管理必须明确自身的定位，充分发挥自身的预测、决策功能与作用。为了充分体现预算管理的科学性和有效性，针对上述逆反性现象及由此导致的问题，我们从以下两个方面展开探讨：

1.技术上的对策——参与预算和准确核定基数

对于预算管理中存在的逆反现象（如预算滞后问题），学术界存在不同的观点。有的学者对此持肯定态度，认为预算滞后调整了管理者个人目标与组织目标间的矛盾，或者说缓和了因环境变动而给预算执行者带来的影响等。但多数学者认为，过度超越正常范围的预算滞后对组织来讲是有害的。因此，有必要从以下两个方面寻求对策，并加以解决。

第一，提倡参与型预算的编制。由企业各层级人员参与制定的预算具有激励（促进接受）的功能，早期开展参与型预算，强调的是管理者的心理效果（即具有参与的动机）。在预算的制定中，如何消除人们的担忧是极为重要和关键的。预算体系是否具备有效的功能，取决于管理者以及员工对预算的理解和接受程度。事实证明，企业全体员工积极参与的主动预算与单纯由上级分配下达的预算相比，往往更具效率。参与预算至少有如下三点好处：

一是在参与过程中，能减少科层组织内信息的不对称。下一层级的管理者能将所了解的有关环境、技术的情况很好地传递给上一层级的管理者。二是在参与过程中，增强了下层管理者的积极性，能够促进预算的圆满完成。三是通过参与预算编制，全体员工能得到教育和训练。

第二，引入真实诱导预算。所谓"真实诱导预算"就是从代理人入手设计预算基数的博弈规则，即通过引入激励约束机制，诱导代理人向着委托人预期的目标提供预算基数，使委托方与代理方达到博弈均衡。真实诱导预算法有如下两个特征：①对预算目标过低、轻易完成目标的管理者，给予惩罚。②对完成正常预算目标额以上的管理者，为促使其取得更好的成绩，对其实施激励。

2.管理上的策略——构建预算管理的前馈机制

诚然，从控制时点上看，现行的预算管理仍停留在事后控制或以事后反馈控制为基础的框架上，有必要从事后（反馈）至事前（前馈）的全过程视角，寻求战略、管理、操作三个不同层面的均衡。

前馈与反馈是控制的两大基础概念。前馈控制是一种基于对脱离规范的情况通过事前的行为加以防范的路径，而反馈控制则是对脱离规范的行为进行反作用的治疗性路径的设置。将前馈与反馈应用于控制时点，这样在时点这一轴心上就会有事前控制和事后控制，它丰富了企业的管理框架，由此可以进一步划分为前馈系统的预算编制和反馈系统的预算控制两个管理阶段。

这表明，传统管理思想在这个新框架下将被重新定位，有助于纠正预算管理的逆反性现象。

从企业管理的发展历史来看，企业管理在管理时点上具有从事后向事前、从反馈向前馈，在管理领域上具有从局部向整体、从生产型向市场型，在管理期间上具有从短期向长期、从战术向战略等的各种转变。

传统的预算管理由预算编制和预算控制两个阶段构成，在这种模式下，虽然预算执行阶段确认了反馈这种控制方式，然而在预算编制阶段却放任了相关的控制。这种传统思路易诱发逆反性现象。只有将前馈与反馈相结合，在预算编制阶段也实施控制（前馈控制），同时，在预算执行阶段共同发挥反馈与前馈的作用，才能确保预算的科学性和正确性。为此，我们结合对前馈构造的分析与理解，提出如下三种处理模式：

第一，在预算编制阶段，围绕预算编制方针反复修正预算方案，并在这一过程中突出控制的构造和功能。传统的预算编制过程是将预算编制方针作为控制的基准，预算方案作为控制的对象，这种思路从前馈的观点看，是一种"确认的滞后"。

第二，在预算编制时把认可的草案转化为预算这一阶段，预算作为控制的基准，将并非实绩的实绩"预测"作为控制的对象，这种事前对预算与实绩潜在的差异加以把握，并采取预防措施的过程，可以理解为一种基于前馈控制构造的做法。从企业情况看，具体可分为三个类别，即"预测数、与预算相比、与上期相比"。这里，不仅要把握预算与实绩之间的差异，还要对预算期间的"预测数"与该期间预算的差异做出分析。即注重发挥前馈在预算管理中的重要作用，通过事前完善各项保证措施，确保预算控制有效实施。

第三，预算执行阶段，在修订预算及修订预算实绩方面的意见取得一致时，体现前馈构造思想的做法是，确认基于最新环境预测的修订预算和当初的年度预算之间的差异，借助修订预算时的一致性预期措施，即滚动预算来体现前馈控制的内在要求。从企业角度讲，可以以周为单位迅速地予以反映从而修订预算，即将实际值与最近的预测值进行比较，在修订预算时向控制的对象方面转化。

传统管理思想下难以充分控制的空白部分，通过欧美学者提出的按季度滚动的预算方法虽然有所弥补，但应用前馈概念将使预算管理理论有更新的发展。同时，预算管理的前馈化有利于增强企业管理的整体性，促进以长期整体管理为导向的战略预算的形成。

三、改进预算与超越预算

改进预算与超越预算作为全面预算管理的两种创新思路，都围绕管理为顾客创造价值这一核心展开，其目标是一致的，即通过提升顾客满意度，在服务顾客的同时实现自身的价值增值。

（一）改进预算

预算管理实务的发展方向是改进预算。改进预算是围绕经营管理中企业预算制度及其自身的改革导向而进行的各种尝试的总称。虽然其也对传统的预算管理进行了批判，但它并非对预算管理及其自身做全面的否定，而是在维持原有框架的基础上，寻求更好的改良策略。从这个意义上讲，改进预算呈现的是一种"批判性接受"的姿态，并且，它提倡灵活应用如下一些方法：①滚动预测；②经常性地进行变动预算的编制和进行较短期间的预算修订；③零基预算；④作业基础预算；⑤平衡计分卡等。作为管理会计工具，我们在应用这些方法时应注意它们之间的协调及整合效果。换言之，改进预算本身就是要对这些管理会计工具进行有效地整合和运用，如结合平衡计分卡的预算及作业基础预算的应用，体现的正是围绕预算管理计划功能的整合而实施的改革活动，目的在于对预算管理的环节进行改善。

（二）超越预算

超越预算管理模式下管理会计的核心功能仍然是管理控制，同时由于超越预算理论强调价值基础的管理，从而将管理会计功能从原来单纯的控制型导向拓展到价值创造型导向的更宽视野。

从超越预算的分权化管理机制来看，它通过对预算管理工具的适应性、顾客满意度等加以整合，借助于顾客关系管理工具很好地解决了顾客忠诚度的问题。顾客关系管理的核心是将顾客作为企业最重要的资源，通过满足顾客需求来为顾客创造价值，在此基础上实现企业自身的价值增值。一方面，顾客关系管理要对顾客需求的变化做出快速反应，优化以顾客服务为核心的工作流程；另一方面，顾客关系管理要求在与顾客相关的所有领域都保持一种卓有成效的一对一关系，建立顾客驱动的产品设计和顾客服务机制，以吸引更多的顾客，并保持已有顾客对企业及其产品的认同感和忠诚度。

按照霍普和弗雷泽的观点，顾客关系管理模式"有赖于对一系列内部流程的动态整合"。这就为该模式与第一阶段的适应性流程再造提供了理论衔接点，从而将顾客关系管理整合到管理会计工具体系中。

综上，超越预算理论是基于一种新的灵活的分权管理思想，对管理会计的功能进行相应的重塑，从而为企业基于管理会计功能框架导入各种现代管理会计工具提供了一种有益的思路。企业如果能够在这种框架的指导下，深入分析自身环境及各种管理会计工具的特点及互补性，将它们进行有机地整合，就可以充分发挥这些工具的管理效率，满足现代企业的管理要求。

四、大数据时代与预算管理系统

（一）大数据及其特点

大数据战略的能力是指在大数据价值已被电商、快消、广告等多个行业的案例所证明的今天，挖掘出大数据的信息价值含量的能力。企业决策者在制定大数据战略时，需要从 Vision（视野）、View（主张）、Value（价值）这"新 3V"入手。从"视野"讲，企业经理一定要把大数据、云计算作为企业核心战略，而不能仅仅把大数据当成是企业 IT 管理的一个方面。无论软件方面还是硬件设施，企业都需要下决心进行投入。从"主张"看，企业应具备收集和处理数据的策略。例如股市，大家很多时候面对同样的数据，但是对数据的处理方式是不一样的，有些人说股市下行时应该进入，有些人说股市下行时要撤出。对同样的数据，甚至同样的软件，决策方式、观点不一样，处理结果就会大不相同，这应该成为企业决策体系的一个核心。从"价值"角度看，企业要在确定思路后，把对数据的分析转化为解决实际问题的执行能力，从而实现大数据的价值。大数据能帮助人们发现事物间隐藏的内在关联，但并不意味着能直接带来社会和商业价值。

大数据管理的能力是指针对大数据战略，如何有效地加以执行的能力。要具体做好三项工作：一是如何获取、存储和保护数据；二是数据加工，即如何整合、发现不同数据间的相关性；三是数据洞察力，即通过分析、呈现与决策工具做出决策，并最终通过付诸行动产生价值。通过构建管理会计信息平台，将管理好大数据的重点集中于数据的可用性、可靠性、安全性、实施的简易性与灵活性，此外，加快管理会计工具指引的构建，加强工具之间的整合（集成与优化等），以及坚持开源与包容的原则等，都是提升大数据管理能力所必备的基础条件。管理会计的信息支持系统要遵循最朴素的市场规则，使不同角色的组织和个人都能通过逐渐成熟的交换机制，利用管理会计信息平台提供数据交换、数据分析和所需的各种管理工具。

大数据生态的能力是指构建一种模拟自然环境的生态活动能力，如数据取得、利用等相关各方能够自主地进行数据处理，包括数据方面的相互配合、互相协调，以及数据的有序交流、流动顺畅等。即原始数据商提供自由交易的数据集；开发者提供基于数据集的应用和服务，以及定制化的分析和呈现工具；数据玩家在市场中寻找值得投资的数据集进行投资，获得回报。大数据的生态系统可能使数字经济的生活方式真正得以实现。现在人们炒房、炒股、炒黄金，将来或许人们会炒数据。当数据公开、数据交易和大数据应用成为自然而然的习惯时，或许我们才可以说，大数据时代真的来了。

（二）大数据对预算管理系统的影响

1.可扩展商业语言与全面预算管理的紧密结合

可扩展商业语言（XBRL）是基于互联网、跨平台操作，专门用于财务报告编制、披露和使用的计算机语言。它通过对数据统一进行特定的识别和分类，可直接被使用者或其他软件所读取并进一步处理，实现一次录入、多次使用。大数据时代的到来，促进了XBRL的大力推进，并使这些相关数据能够满足全面预算管理的需要。具体包括：①在预算编制、执行与控制过程中，充分利用现有的所有数据，而不是抽取部分数据；②尽量将以前没有量化的资源进行量化，进而转化为数据供预算管理人员进行分析与利用。进一步讲，大数据发展的动力就在于促进了经济、社会事项的主动量化，并对此实施及时、有效的应用。这对现行的预算管理系统而言，既是一种挑战，更是一种机遇。

全面预算管理要实现对企业会计信息的现代化管理并进行正确的经营活动与投资决策，就必须具备大数据管理的能力，建立以数据仓库为技术支持的具有海量的数据挖掘、数据处理和分析能力的会计信息管理系统，使其能够根据预算管理者的不同需求方便、快捷地提供预算编制所需各种数据信息。

2.ERP与全面预算管理的结合

ERP与XBRL的结合使ERP的功能大大提升，作用更为广泛，企业的各种信息特别是全面预算信息都可以通过ERP在计算机网络中有效地处理。预算信息一旦输入计算机，就无须再次输入，通过ERP就可以很方便地转换成书面文字、PDF文件、HTML页面，或者其他相应的文件格式。而且，通过ERP获取的预算信息也无须打印或再次输入，就可以方便快捷地运用于企业内部控制等领域。

五、经营模式转变与全面预算创新

（一）循环经济模式与预算管理创新

"循环经济"要求经济活动组成一个双向的、反馈式流程，把生产、流通、消费过程中产生的废弃物经再利用等技术加工形成可利用资源再回到经济活动中，部分废弃物经无害化处理后形成无污染或低污染物再排放到环境中。其特征是低开采、高利用。环境预算管理必须从生态经济这一大系统出发，采取战略性、综合性、预防性措施，合理利用自然资源。

循环经济以可持续发展理论为基础，要求经济的发展必须从生态经济大系统出发，对物质转化的全过程采取战略性、综合性、预防性措施，降低经济活动对自然资源的过度使用以及对人类造成的负面影响。循环经济模式以减量化、再利用、再循环为其运行原则。其中，减量化原则是在满足生产与消费的基础上，利用先进技术和转变消费观念等方法，尽量减少对物质资料的投入量；再利用原则是通过尽量多次或以多种方式使用产品，以减少对物质资料的消费和对环境的污染；再循环原则要求对废弃物资源化，以减少废弃物的最终处理量。循环经济模式的基本要求如下：

1. 实施清洁生产，降低自然资源消耗，实现企业内部的循环经济

清洁生产是实现循环经济的基本形式，也是循环经济模式的具体体现。它要求企业在产品生产的整个周期中，都必须考虑预防污染，将产品生产过程中对人体及环境的危害降到最小。除此之外，就单个企业而言，实施清洁生产在一定程度上能够减少物质资源的消耗，实现资源的节约使用。

2. 实施生态工业，建立工业园区，实现企业之间的循环经济

如果只在企业内部开展循环经济，其发挥的作用是有限的，因为单个企业的生产活动总会产生一些无法消化的废料和副产品。通过建立工业园区，将生产活动中处于不同环节的企业集聚起来，即将不同企业产生的废物利用到不同的生产过程中，为废物找到下游的"分解者"，既减轻了污染，也为企业之间构建了一种无形的链条，类似于生态系统中的生物链，由此扩展，工业生态系统就形成了。

3. 发展社会静脉产业，建立社会大循环的循环经济体系

"静脉产业"的提出就是为了形成一种循环经济的新模式。它是指将废弃物转换为再生资源的产业，通过这种产业使生活与工业垃圾变废为宝、循环利用，如同将含有较多二氧化碳的血液送回心脏的静脉。通过静脉产业，

构建一条"废物—再产—产品"的环保产业链，将社会作为一个整体，站在战略的高度从资源的整个流通过程对资源消耗和污染排放进行控制，从而实现全过程、全系统的生态经济效益。

循环经济模式下的预算管理，需要重点考虑两个方面的问题。

一是企业的社会责任。比如在预算编制过程中设计相关的环境会计方面（尤其是环境成本）的预算内容。二是企业的持续性与成长性。持续性是企业发展过程中相对静态的过程，在这一过程中，企业预算管理要保持现有的规模、利润与市场份额；而成长性是企业发展中相对动态的状况，在预算管理中需要关注的不是企业如何变得更大，而是如何变得更好，以对不断变化的环境具有很强的适应性。换言之，在经济可持续发展方式下，预算模式的选择与更新必须与环境变化、企业生命周期的变化相适应，在企业人力与物力资源的配置上既要满足企业当前发展的需要，也要满足企业长远发展需要。

循环经济模式下的预算表明，传统预算对作业层的战略控制效率低，预算指标反映的是各项财务结果，而不是需要控制的关键活动本身，企业中各项工作的财务后果很难及时计量，尤其是作业层次的员工不能将自己的工作与企业战略建立起直接的关系，进而难以将行动控制在战略管理的轨道上。

（二）新经济模式与预算管理创新

目前，新经济一词还没有固定的含义。有些人将正在兴起的信息经济称为新经济，有些人将知识经济称为新经济，有些人则将工业经济时代后兴起的产业称为新经济。我们在这里所提出的"新经济"一词是指随着信息经济、知识经济的到来而对整个经济活动产生影响的一种新形式、新方式。新经济的实质就是信息化与全球化，新经济的核心是高科技创新及由此带动的一系列其他领域的创新。促成新经济出现的现实环境是全球经济一体化。信息技术革命的推进、新经济的发展必然导致全球经济一体化进程的加快。新经济对全面预算管理的影响是通过"互联网—金融活动—企业活动—全面预算"这样一个路径展开的。

互联网对经济的深刻影响有三点：

一是互联网改变了信息的"内部性"特征，并以前所未有的方式迅速扩展为"外部性"特征。人们通过搜索引擎，可以方便地找到种类繁多、数量极大而且增长速度惊人的信息，不仅可以充分满足对共享信息的需求，而且可以满足对不同专业信息的需求。二是互联网使市场资源的配置不再受到市场门户的限制，加大了人们选择时空的自由度，更加方便人们经过交流与协商达成各种交易，从而使市场资源实现全社会的共享，达到优化配置的目的。三是互联网使产业经济迅速走上规模化的道路，不仅使产业分工的边界越来越模糊，而且使管理的边界越来越模糊。

通过互联网技术，最终可以让金融机构离开资金融通过程中的主导地位，因为互联网的共享、公开、透明等理念让资金在各个主体之间的游走会非常直接、自由，而且违约率低，金融中介的作用会不断弱化，从而使得金融机构日益沦落到从属的服务性中介的地位，即它们不再占据金融资源调配的核心地位。也就是说，互联网金融模式是一种努力尝试摆脱金融中介的新模式。

第十一章 企业预算管理的多元化探索

第一节 企业经营预算管理

在市场经济条件下，企业的生产经营活动一般都是"以销定产"的，与此相适应，经营预算的编制也往往是以销售预算的编制为起点。各项预算编制要根据企业的预算编制方针和预算目标，遵循科学的原则，按照一定的编制程序和方法进行。其中，在编制方法上，可以根据不同的预算项目，分别采用固定预算、弹性预算、滚动预算、零基预算、概率预算等方法进行编制；在编制责任单位的划分上，应采取与企业组织结构相一致的划分方法，以便于预算的执行、考核和责任落实。

一、经营预算的任务和方法

经营预算也称作业务预算、营业预算，是预算期内企业日常生产经营活动的预算，主要包括销售预算、生产预算、供应预算等生产经营活动预算。

从事生产经营活动是企业的基本特征和主要内容，因此，经营预算是企业全面预算的主体。就预算种类、数量和编制工作量而言，经营预算一般要占全部预算的80%左右。经营预算在全面预算中的重要性不言而喻。

（一）经营预算编制的任务

企业是以营利为目的独立从事生产经营活动的经济组织。工业企业的生产经营活动一般可分为供应、生产、销售三大环节，通过供应环节采购生产所需的材料物资，通过生产环节生产市场上需要的产品，通过销售环节将产品推向市场，在满足社会需要的同时以收抵支获得利润。因此，经营预算编制的基本任务如下：

1.贯彻落实企业年度经营目标

企业年度经营目标的主要内容是销售收入目标和利润总额目标。要将经营目标由目标变为现实，一个很重要的环节就是通过编制经营预算将经营目标细化和落实。

2. 规划安排企业年度生产经营活动

通过编制经营预算将预算期内企业生产经营活动各个环节所需投入的人力、物力、财力，以及销售环节获得的营业收入，全部通过预算的方式进行统筹规划、全面安排。

3. 优化资源配置，提高经济效益

通过编制经营预算将企业的资金流、实物流、业务流、信息流、人力等进行科学梳理、连接与整合，将企业有限的资源协调分配到能够提高经营效率、经营效果的业务活动中，通过优化资源配置，提高经济效益，确保企业经营目标的实现。

（二）经营预算编制的基本方法

经营预算是全面预算编制的起点。在市场经济条件下，企业的生产经营活动一般都是"以销定产"的。与此相适应，编制经营预算要根据企业董事会及预算管理委员会提出的预算编制方针、编制政策和预算目标，以基期生产经营的实际状况为基础，综合考虑经济政策变动、市场竞争状况、产品竞争能力等因素，遵循科学合理、切实可行的原则，按照一定的编制程序和方法进行。基本方法如下：

1. 按照基本顺序编制

按照先销售预算、再生产预算、后供应预算的基本顺序编制经营预算。为适应企业"以销定产"的需要，经营预算的编制一般以销售预算为起点，然后根据销售数量和库存产品的结存情况安排生产预算，最后编制保证生产活动顺利进行的各项资源供应和配置预算。但是，对于"以产定销"的企业来说，经营预算编制的起点一般是生产预算，然后"以产定销"安排供应预算和销售预算。

2. 按照基本程序编制

按照上下结合、分级编制、逐级汇总的基本程序编制经营预算。经营预算的内容涉及企业生产经营活动的方方面面，是企业预算期内从事生产活动、采购活动、销售活动、财务活动等生产经营活动的依据和指南。要提高经营预算的执行力，提高经营预算的可行性是关键，而要提高经营预算的可行性，就必须让经营预算具有广泛的群众基础。因此，编制经营预算必须遵循从基层来、到基层去的方针，严格履行自上而下、自下而上、上下结合、分级编制、逐级汇总的基本程序。

3. 按照基本步骤编制

按照先归集、再计算、后编制的基本步骤编制经营预算。全面预算的种类有很多，但编制的基本步骤大致相同，可分为三步。

第一步，收集基础资料。预算编制是否顺利，关键要看基础资料的准备是否充分和翔实，要针对预算项目的构成要素、影响因素、编制依据、编制要求等事项，有的放矢地归集、整理有关信息数据等基础资料。

第二步，计算预算指标。数字量化是预算的基本特征之一，通过计算确定预算指标是编制预算的基本环节。因此，要根据预算指标构成要素之间的逻辑关系，运用有关公式对收集到的基础资料进行加工、整理，反复测算、计算，核定出科学合理、切实可行的预算指标。

第三步，编制预算草案。在预算指标计算并确认结果无误的基础上，通过归纳、汇总，按照特定的格式要求编制各种预算草案。

4. 采用技术方法编制

采用恰当的技术方法编制经营预算。编制预算的技术方法有很多，每种技术方法都有其优缺点和适用范围。编制人员要本着遵循经济活动规律，充分考虑符合企业自身经济业务特点、基础数据管理水平、生产经营周期和管理需要的原则，针对不同的预算项目和预算内容，选择或综合运用固定预算、弹性预算、滚动预算、零基预算、概率预算等方法编制经营预算。

5. 按照内部组织架构落实预算编制责任

编制经营预算，落实编制责任是关键。按照"谁执行预算，谁就编制预算"的基本原则，应采取与企业内部组织架构相一致的划分方法落实预算编制责任，各部门负责人是预算编制的第一责任人。这种安排不仅有利于预算编制的顺利进行，也有利于预算的执行、控制、核算、考核和责任落实。

6. 将预算项目划分为付现项目与非付现项目

全面预算涉及的预算项目包罗万象，以是否在预算期内支付现金分类，可以将其划分为付现项目与非付现项目两大类。付现项目也称"现金支出项目"，是指在预算期内需要支付现金的预算项目；非付现项目也称"非现金支出项目"，是指在预算期内不需要支付现金的预算项目。划分付现项目与非付现项目的目的是汇总编制预算期的现金收支预算。因此，在编制的各类预算中，凡是需要在预算期内支付现金的预算项目，都要将其汇总起来，单独设立"付现项目"栏次予以列明；凡是没有设"付现项目"栏次的各类预算，一律视为在预算期内没有现金支付需要的预算项目。

二、销售预算的编制

（一）销售预算概述

销售预算是预算期内企业销售产品或提供劳务等销售活动的预算，主要依据年度经营目标、预测的市场销量或劳务需求、企业自身的产品生产能力与结构、预计市场价格等因素编制。在市场经济条件下，绝大多数企业需要根据产品在市场上的销售量来决定产品的生产量，然后根据产品生产量确定材料、人工、资金的需用量和各种费用的支出额。也就是说，企业的生产预算、人力资源预算、供应预算等经营预算都要受销售预算的制约。因此，销售预算是大多数企业编制全面预算的起点，也是编制其他经营预算的基础。

（二）销售预算的编制责任

销售预算的执行者是销售部门，按照让执行者参与预算编制的原则，销售部门理应是编制销售预算的主体。由于销售预算的编制直接关系到企业生产、采购、资金、费用的安排以及企业战略规划和经营目标的实现，因此，与企业销售活动相关的部门和人员都应参与销售预算的编制、审议与对接。其中，财务部门、生产部门、采购部门和储运部门是销售预算编制、审议、对接的主要力量，涉及成本方面的销售预算还需要以财务部门为主进行编制。

（三）销售预算的内容

销售预算包括发货数量预算、销售收入预算、应收账款预算、销售成本预算、销售费用预算和销售毛利预算等。

1. 发货数量预算

发货数量预算是预算期内企业向客户交付产品品种和数量的预算，主要内容包括客户名称、产品名称、规格型号、销售价格、发货数量和发货时间，反映了预算期内企业产品的发货规模。

2. 销售收入预算

销售收入预算是预算期内企业销售产品或提供劳务获得收入的预算，主要内容包括销售项目、销售数量、销售单价和销售收入，反映了预算期内企业的经营规模。

3.应收账款预算

应收账款预算是预算期内企业应收账款发生额、回收额及其期初、期末余额的预算，主要内容包括客户名称、业务内容、期初余额、本期增加额、本期回收额、期末余额和货款回收的时间，反映了预算期内企业因销售活动而发生的应收账款的增减变动和货款回收情况。

4.销售成本预算

销售成本预算是预算期内企业销售产品或提供劳务付出成本的预算，主要内容包括销售项目、销售数量、销售单位成本和销售总成本，反映了预算期内企业的销售成本水平。

5.销售毛利预算

销售毛利预算是预算期内企业销售收入减去销售成本后所剩余额的预算，主要内容包括销售项目、销售收入、销售成本和销售收入减去销售成本的余额。

三、供应预算

供应预算是预算期内企业采购物资、储备物资、供应物资、储备和供应产品等一系列供应活动的预算。供应预算对于组织供应活动，保证生产活动、销售活动的顺利进行具有十分重要的作用，是企业预算期内采购、供应物资，控制采购成本，储备、供应预算编制的主要依据，是生产预算、销售预算所确定的产品产量、材料物资耗用量、产品销售量、预算价格、库存定额等项目的主要数据来源，需符合材料物资供求关系等供应活动自身的特点，满足预算编制大纲和企业管理要求。

（一）供应预算的编制责任

供应预算的执行者是采购、仓储和销售部门，因此，采购、仓储和销售部门是供应预算编制的主体。由于企业的供应活动与生产活动、财务活动密不可分，生产部门和财务部门也是供应预算编制的参与者。

（二）供应预算的内容

供应预算涉及材料物资采购、材料物资储备和产品储备三个方面，具体包括产品存货预算、材料存货预算、采购预算、应付账款预算等与供应活动有关的预算。

1.产品存货预算

产品存货预算是预算期内企业各种库存产品增加、减少及期初、期末余额的预算，主要内容是产品名称、期初余额、本期增加额、本期减少额、期末余额等，反映了预算期内企业各类产品存货的增减量和结存量。

2. 材料存货预算

材料存货预算是预算期内企业各种库存材料增加、减少及期初、期末余额的预算。主要内容是材料名称、期初余额、本期增加额、本期减少额、期末余额等，反映了预算期内企业各类材料存货的增减量和结存量。

3. 采购预算

采购预算是预算期内企业采购生产经营活动所需材料、物资种类、数量和价值的预算，主要内容是采购物资名称、计量单位、采购数量、采购单价、采购金额和采购时间等，反映了预算期内企业材料物资采购活动的总体安排。

4. 应付账款预算

应付账款预算是预算期内企业应付账款发生额、付款额及其期初、期末余额的预算，主要内容是供应商名称、业务内容、应付账款的增减、付款、结存等，反映了预算期内企业因采购活动而发生的应付账款的增减变动和货款支付情况。

（三）供应预算的编制程序

在以销定产的情况下，企业是按照销售—生产—供应的顺序安排生产经营活动的。由于受产品库存量、材料库存量的增减变动的影响，销售预算、生产预算、供应预算的编制需要交叉进行。一般情况下，销、产、供预算的编制顺序是：首先编制销售量预算，然后编制产品存货预算，再编制生产量预算、在产品预算和材料消耗量预算，最后编制材料存货预算、采购预算和应付账款预算。同时，供应预算还要在资金价值和供应时间上与销售预算、生产预算、现金预算衔接起来，保障销售活动和生产活动的顺利进行。

（四）存货供应的决策与规划

企业通过合理组织材料及产成品的供应活动，满足企业生产活动、销售活动在时间、空间、数量、品种等方面对材料及产成品的需要，是保证企业生产经营活动持续进行的必要条件。任何企业的生产经营活动都表现为存货的流入、转化和流出的过程，如果某一环节不能及时获取所需的存货，企业的生产经营活动就将被中断。因此，企业只有保持一定数量的存货，才能应对市场变化，保证企业生产经营活动的正常进行和产品销售活动的顺畅。但是，要保持一定数量的存货就必然要占用一定数目的资金，产生资金成本。因此，在编制采购及存货预算的过程中，要通过科学的存货供应决策，合理规划、确定材料的采购量和采购批次，制定合理的材料及产品库存定额，使企业的各种存货既保持一定的库存，又使存货成本降到最低。这是对存货供应活动实行预算管理的核心内容。

存货供应决策需要抓住两个关键问题：一是确定存货储备定额；二是控制存货订购量。

第二节 企业投资预算管理

一、投资预算概述

（一）投资预算的内容

投资预算是为资本性投资活动服务的，它具体反映企业在何时进行投资、投多少资、资金从何处取得、用什么方式取得、何时可获得收益、每年的现金净流量为多少、需要多少时间收回全部投资等。企业的资本性投资活动可分为内部投资和外部投资。内部投资是指企业用于固定资产的购置、扩建、改建、更新、改造等方面的投资和无形资产方面的投资；外部投资是指企业用于股权、收购、兼并、联营投资及债券等方面的投资。同时，企业要投资，就必然要融资，筹措项目资金自然是企业进行投资活动的重要内容。因此，投资预算的内容主要包括固定资产投资预算、无形资产投资预算、权益性资本投资预算、收购兼并预算、债券投资预算、投资收益预算和项目筹资预算等。

第一，固定资产投资预算是预算期内企业为购置、改建、扩建、更新固定资产而进行资本投资的预算，主要根据企业有关投资决策资料和预算期固定资产投资计划编制。

第二，无形资产投资预算是预算期内企业为取得专利权、非专利技术、商标权、著作权、土地使用权等无形资产而进行资本投资的预算，主要根据预算期无形资产投资计划编制。

第三，权益性资本投资预算是预算期内企业为了获得其他企业的股权及收益分配权而进行资本投资的预算，主要根据企业有关投资决策资料和预算期权益性资本投资计划编制。

第四，收购兼并预算是预算期内企业通过承担债务、出资购买、资产置换、债转股等方式，吸收合并目标企业的预算，主要根据企业有关投资决策资料和收购兼并协议编制。

第五，债券投资预算是预算期内企业购买国债、企业债券、金融债券等的预算，主要根据企业有关投资决策资料和证券市场行情编制。

第六，投资收益预算是预算期内企业对外投资所取得的利润、股利和债券利息及投资损失的预算，主要根据被投资企业有关利润分配计划、股利分配计划和有关债券的面值及利息率编制。

第七，项目筹资预算是预算期内企业有关投资活动所需资金筹措及到期项目借款偿还的预算，主要根据企业投资计划、发行债券审批文件、资金投放及偿还时间、自有资金状况、金融市场情况等资料编制。

企业经批准发行股票、配股和增发股票，应当根据股票发行计划、配股计划和增发股票计划等资料单独编制预算。

（二）投资预算的特点

投资预算的特点源于投资活动与日常生产经营活动的不同特性。与经营预算相比，投资预算具有以下特点：

1. 对象具有针对性

投资预算的编制对象是企业某项或某几项一次性的资本性投资活动。随着某项或某几项投资活动的完成，针对某项或某几项的投资预算也随之结束。投资预算编制对象的一次性特征表明，投资预算的编制具有很强的针对性。这就要求编制投资预算要具有创新意识，要针对不同投资项目的具体情况和特点，编制出具有针对性的投资预算。

2. 方法具有多样性

投资预算的编制对象涉及面广、综合性强，不仅涉及基本建设、更新改造等技术性很强的业务活动，而且涉及收购、兼并、股票、债券等专业性突出的资本运作。投资活动突出的技术性和专业性特征决定了投资预算编制方法的多样性。这就要求编制投资预算要学习、掌握各种投资活动的基本规律和内容，把握每项投资活动的要点，采取多种预算编制方法，编制出切合各个投资项目具体情况的投资预算。

3. 期间具有长期性

一项投资活动从调研、决策到实施、完结，短则数月，长则数年，与企业的日常生产经营活动相比具有周期长的特点。因此，投资预算编制的期间要与投资活动的周期保持一致，而且不受会计期间的制约和影响。编制期间的长期性是投资预算与经营预算的本质区别，这源于二者编制对象的不同特性。经营预算的编制对象是企业的日常经营活动，它是以年度、季度、月度为期间进行规划安排的；投资预算的编制对象是企业的投资活动，它是以项目周期进行规划安排的。

4. 时间具有灵活性

由于企业的资本性投资活动具有周期性和长期性的特点，因此，投资预算必须适应资本性投资活动的需要，在编制时间上配合投资项目的进度和节奏。也就是说，投资预算在编制时间上可以不受企业全面预算规定时间的约束，而是根据投资活动的实际需要随时编制。

在预算实务中，企业需要编制两种形式的投资预算：一种是与投资项目在经济内容上相同、在实施期间上一致、在编制时间上同步的投资预算，主要用于投资项目的规划、评估、论证、评审、决策和实施；另一种是与经营预算在编制时间上同步、在预算期间上一致的投资预算，主要用于预算期内企业资本性投资活动的具体安排和企业实施全面预算管理。

5. 内容具有风险性

不论是对内的固定资产投资，还是对外的联营投资、股权投资，不仅需要投入大量的资金，而且投资项目完成后会形成大量的沉没成本和长期资产。如果市场、技术、价格、成本等客观因素发生变化，会给企业的投资活动带来巨大的风险。投资活动的风险性特征要求投资预算的编制必须建立在投资项目可行性研究的基础之上，要符合成本效益原则和风险控制要求，严格控制投资风险。没进行可行性研究、没通过可行性研究评审的投资项目，一律不予编制投资预算。

6. 资金投放具有连续性

投资活动是一个不间断的实施过程。一个投资项目一旦开始，就必须不断投入资金和其他资源。否则，不仅不能按预期形成新增固定资产，而且会造成已投入资金的占用呆滞，扩大投资成本，甚至造成整个投资项目的失败。因此，编制投资预算，必须规划好资金的投放规模和时间进度，确保投资活动的连续性和不间断性。

7. 实施的结果具有不可逆性

投资预算一旦实施，其执行结果往往需要很长时间才能显现出来，具有很强的不可逆性。一旦投资失败，将会给企业造成很大的损失。因此，编制投资预算事关重大，企业必须重视预算编制前的可行性研究，采用规范与科学的方法，使企业的投资决策成为集思广益的、有科学依据、有制度保障的过程，从而提高投资预算编制的有效性，确保企业投资活动的万无一失。

二、投资预算管理的基本知识

（一）投资预算管理的概念

投资预算管理与投资预算是两个不同的概念。投资预算是企业对有关资本性投资活动的总体安排，属于计划的范畴；投资预算管理是指企业为了实现发展战略和战略规划，采用预算方法对资本性投资活动进行科学规划、测算、评价、论证、决策和描述，并以预算为标准，对投资项目的执行过程与结果进行计划、组织、控制、分析、报告、审计和考评等一系列管理活动的总称。

把握投资预算管理的内涵，需要从以下两个方面进行理解：

第一，投资预算管理的实施目的是实现企业发展和战略规划，确保资本性投资活动的有效运行和规范运作。

第二，投资预算管理是以预算为标准，对企业的资本性投资活动进行事前、事中和事后全过程管理与控制的内部管理控制系统。

（二）投资预算管理的目标

企业通过实施投资预算管理至少应达到以下七个目标：

①建立健全企业投资活动运营机制，规范投资管理，规避投资风险，切实保障企业和投资者的利益；

②运用预算方法实施投资项目的可行性研究，选择出企业最有投资价值的投资项目；

③通过编制严谨周密的投资预算，为企业的资本性投资活动制定实施方案和工作标准；

④通过编制科学合理的项目筹资预算，为企业的资本性投资活动筹集足额的项目资金，并实现资本结构的最优化；

⑤以投资预算为标准，对企业的资本性投资活动实施全方位、全过程的管理与控制，确保企业资本性投资活动的规范化运作；

⑥通过实施投资项目的责任核算，实现对企业的资本性投资活动全面、及时、准确地反映、报告和监督；

⑦通过对投资预算执行结果的分析、审计与考评，落实项目责任人的责、权、利，确保企业资本性投资活动目标的圆满完成。

（三）投资预算管理的意义

投资预算管理是企业全面预算管理的重要组成部分。企业要生存就必然要发展，发展是企业永葆基业的关键因素；而企业要发展，就必须在搞好日常经营活动的同时，不断寻求新的投资机会，积极进行投资活动，使企业的经营活动充满后劲和活力。因此，搞好投资预算管理，组织好企业的投资活动，对于企业的生存和发展都具有十分重要的意义。

1.投资是企业获得利润的前提条件

企业是以营利为目的、从事商品生产经营和服务活动的经济组织。企业要想获得利润，就必须拥有一定数量的经营性资产，然后通过生产经营活动，以收抵支获得利润。只有通过投资活动，才能使企业拥有经营性资产，为获得利润奠定基础。

2.投资是企业维持简单再生产的必要手段

在科学技术和社会经济迅速发展的今天，企业要维持简单的再生产，就需要不断更新、增加所需的人力、物力、财力，就必须对产品和生产工艺不断进行改进和提高。因此，企业只有通过一系列的投资活动，才能保证企业简单再生产的顺利进行。

3.投资是企业扩大再生产的必要条件

企业为了做大做强，增强其市场竞争力，就必须扩大生产经营规模。为此，企业需要扩建厂房、增添设备，所有这些都需要投入资金。

4.投资是增强企业核心竞争力的重要途径

核心竞争力是指企业长期积累形成的、独有的、支撑企业可持续发展的核心能力。核心竞争力是一个系统的、不可分割的整体，任何单一的基本要素都很难形成核心竞争力。只有构成核心竞争力的基本要素协同运作，相互配合，才有可能形成核心竞争力。其中，通过投资活动，自主研究开发、引进核心产品的技术设备、核心专利技术，提高产品的技术含量，是增强企业核心竞争力的重要途径。

5.投资是降低企业风险的重要方法

企业把资金投向生产经营的关键环节和薄弱环节，可以实现企业各种生产能力的相互配套和平衡，使企业形成更强的综合能力；企业把资金投放于多个行业，实行多元化经营，能有效增强企业销售和盈余的稳定性。这些都是降低企业经营风险的重要方法。

第三节 企业财务预算管理

一、财务预算的基础知识

（一）财务预算的概念

财务预算是预算期内企业财务活动、经营成果和财务状况方面的预算，是预算期内企业资金取得与投放、各项收入与支出、经营成果与分配等财务活动及其结果的统筹安排。

财务活动是企业资金运动过程中的资金筹集、使用及利润分配等活动的总称，包括资金筹集、资金使用和利润分配三个基本环节；经营成果是企业在一定时期内从事生产经营活动所取得的最终成果；财务状况是指企业一定时期的资产、负债及权益情况，是企业一定时期财务活动结果的综合反映。

财务预算从价值方面综合反映了预算期内经营预算和投资预算的执行结果，不仅信息资料主要来自经营预算和投资预算，而且大部分财务预算指标也都是经营预算指标、投资预算指标汇总或加减计算的结果。所以，财务预算也被称作总预算。

（二）财务预算的内容

财务预算主要包括利润预算、现金预算和财务状况预算。

第一，利润预算是预算期内企业经营成果及利润分配的预算，反映了预算期内企业执行经营预算、投资预算及财务预算后的效益情况和利润分配情况。

第二，现金预算是预算期内企业现金收支及筹措活动的预算，反映了预算期内企业现金的收支、筹措、流动情况及其结果，主要包括现金收支预算、现金流量预算、融资预算等。

第三，财务状况预算是预算期初、期末企业财务状况变动情况的预算，反映了预算期内企业执行经营预算、投资预算和财务预算前后的财务状况变化情况，主要包括所有者权益预算、资产负债表预算等。

（三）财务预算在全面预算体系中的作用

财务预算作为全面预算体系的总预算，在全面预算体系中发挥着以下四个方面的重要作用：

1. 目标与导向作用

财务预算是全面预算体系的核心和灵魂，对全面预算的编制起着明确目标和指引方向的作用。在编制预算时，为了防止各个分项预算的编制偏离企业的战略规划和经营目标，企业一般需要采取"先入为主"的方法，通过制定预算编制大纲确立预算编制总目标，作为各个部门编制分项预算的指南。预算编制总目标的主要内容就是财务预算中的有关预算指标，如销售收入、销售成本、期间费用、利润总额、销售利润率、资产负债率等。确立预算编制总目标，不仅对全面预算的编制具有目标与导向作用，而且也是审核、分析、修订、平衡全面预算的依据。

2. 控制与约束作用

在全面预算体系中，财务预算占据着全局地位，其他预算则居于局部位置。在编制预算的过程中，通过财务预算的系统规划、全面协调与综合平衡，可以将全面预算的各个部分串连到一起，使全面预算的各个组成部分都统一服从于企业预算期的经营总目标。当经营预算和投资预算与财务预算发生冲突时，毫无疑问，其他预算要服从于财务预算。因此，财务预算对其他预算具有很强的控制与约束作用。

3. 有利于合理配置财务资源

当财务资源出现供需矛盾时，企业可以通过编制财务预算，优化投资结构，控制低效率开支，将财务资源分配到企业效率最高的生产经营活动中，从而确保企业财务资源的合理配置和有效利用，提高财务资源的投入产出比，保持企业资产结构与资本结构、资产盈利性与流动性的有机协调。

4. 为绩效评价提供标准和依据

财务预算使企业预算期内的经营活动、投资活动、财务活动实现了目标化、具体化和系统化，而且也为企业考核和评价各部门、各层次的工作绩效提供了具体的标准和依据。

二、利润预算

利润预算是预算期内企业经营活动成果及利润分配的预算，主要依据年度经营目标、预算编制大纲、经营预算和投资预算编制。利润预算一方面要对经营预算中有关收入、成本、费用的指标进行汇总；另一方面要审查、核实经营预算和投资预算中的有关预算指标是否符合年度经营目标和预算编制大纲的要求，实现各项预算指标与企业战略规划、经营目标的相互衔接。

（一）利润预算的内容

利润预算主要包括利润表预算、营业外收支预算和利润分配预算等。

1. 利润表预算

利润表预算是预算期内企业经营活动成果的预算。它以动态指标的形式反映了预算期内企业执行经营预算及其他相关预算之后的效益情况。

2. 营业外收支预算

营业外收支预算是预算期内企业与日常经营活动无直接关系的各项利得和损失的预算。它反映了预算期内企业经营成果之外的收益与支出情况。

3. 利润分配预算

利润分配预算是预算期内企业对净利润以及以前年度未分配利润进行分配的预算。它反映了企业对预算期内实现的净利润以及以前年度未分配利润在各个方面进行分配的数额和过程。

（二）利润预算的重要地位

利润预算不仅是财务预算的核心，也是整个全面预算体系的核心。它的重要性来自利润的重要性和利润预算本身的功能及作用。

1. 追求利润是企业经营的基本动机

利润是个差额概念，是收入与成本费用相抵后的余额，反映了企业在一定时期的经营成果。利润对于国家、投资者、企业、债权人、经营者以及企业员工的重要性是不言而喻的：利润是企业计算向国家缴纳所得税的基本依据，企业实现的利润越多，向国家缴纳的所得税就越多；利润是企业发展的经济源泉，企业实现的利润越多，企业发展的自有资金就越充足；利润是进行股利分配的基本依据，企业的税后利润越多，投资者从企业分到的股利就越多；利润反映了企业的获利能力，企业实现的利润越多，获利能力就越强，债权人对企业就越放心，经营者就会越开心，企业员工就会从企业的税后留利中得到更多的福利和好处。可见，追求利润是企业经营的基本动机。利润预算作为反映企业预算期内实现利润情况的预算，其重要性可见一斑。

2. 编制利润预算有利于提高企业的经济效益

利润预算的功能和作用主要有以下三个：

一是通过编制利润预算，可以从总体上掌控企业在预算期内的收入、成本、费用和利润的实现及构成情况，可以据此分析影响利润形成和变动的重要因素，分析、评价企业的盈利状况和经营成果，促进企业不断改进经营管理，不断提高经济效益。

二是利润预算作为综合反映企业经营活动及其成果的预算，可以展示企业的获利能力和发展趋势，为投资者、债权人、经营者做出投资决策、经营决策提供资料依据。

三是通过编制利润预算，企业不仅可以实现预算期内经营活动、投资活动、财务活动与企业战略规划及经营目标的协调统一，而且可以通过编制各部门的利润预算，落实各部门的利润责任，实现以利润为目标的综合管理。

参考文献

【1】王俊霞，胡克刚．普通高等教育"十三五"财政与税收专业规划教材：预算会计（第3版）[M]．西安：西安交通大学出版社，2018．

【2】周丹丹．财经商贸专业会计成本核算预算教材：商业企业会计真账实操全图解[M]．北京：中国铁道出版社，2018．

【3】赵建勇．会计[M]．上海：上海财经大学出版社，2018．

【4】陆志平．政府会计[M]．昆明：云南大学出版社，2018．

【5】李敏．政府会计行政事业核算新模式[M]．上海：上海财经大学出版社，2018．

【6】汪谦．政府会计基本理论与操作实务[M]．北京：中国商业出版社，2018．

【7】袁水林，张一贞．管理会计[M]．上海：上海财经大学出版社，2018．

【8】韩文连．管理会计学[M]．北京：首都经济贸易大学出版社，2018．

【9】胡元林，杨锡春．管理会计（第2版）[M]．上海：立信会计出版社，2018．

【10】江希和．成本会计教程与案例[M]．上海：立信会计出版社，2018．

【11】王欣．预算会计[M]．成都：电子科技大学出版社，2019．

【12】聂庆芝，张艳，吴木洋．预算会计[M]．重庆：重庆大学出版社，2019．

【13】崔运政，孙志霞，国长青．政府会计[M]．上海：立信会计出版社，2019．

【14】徐伟丽．管理会计[M]．上海：立信会计出版社，2019．

【15】刘俊勇．管理会计[M]．沈阳：东北财经大学出版社，2019．

【16】刘萍，于树彬，洪富艳．管理会计[M]．沈阳：东北财经大学出版社，2019．

【17】王桂华，李玉华.管理会计 [M].北京：北京理工大学出版社，2019.

【18】杨明，施飞峙，李婧.政府会计 [M].北京：中国财政经济出版社，2019.

【19】张晓雁，秦国华.管理会计 [M].厦门：厦门大学出版社，2019.

【20】刘晓峰，崔琳.管理会计 [M].北京：原子能出版社，2019.

【21】房玉靖.会计英语 [M].北京：对外经济贸易大学出版社，2020.

【22】刘金星.管理会计 [M].沈阳：东北财经大学出版社，2020.

【23】周显文.会计实训 [M].大连：大连海事大学出版社，2020.

【24】朱振东，李尚越.中级财务会计 [M].北京：北京理工大学出版社，2020.

【25】罗霞.财务会计英语 [M].北京：首都经济贸易大学出版社，2020.

【26】杜丽，杨高武.会计电算化 [M].北京：北京理工大学出版社，2020.

【27】蔡维灿，张华金，罗春梅.管理会计（第4版）[M].北京：北京理工大学出版社，2020.

【28】陈俊忠，王玉，王伟.财务会计实务 [M].北京：北京理工大学出版社，2020.

【29】田高良，曹文莉.政府会计实务 [M].沈阳：东北财经大学出版社，2020.

【30】徐哲，李贺，李平.大学教材管理会计 [M].上海：立信会计出版社，2020.